流量变现

大V 运营实战 笔记

叶问 著

化学工业出版社
·北京·

本书主要围绕大V流量变现这一主题，全面讲解了如何包装自己的营销号成为大V以带动流量的过程，具体阐述了大V推文的制作与推广细节、不同平台上的具体操作方法以及如何更好地对各个平台进行运营。

图书在版编目（CIP）数据

流量变现：大V运营实战笔记／叶问著．—北京：化学工业出版社，2019.11
ISBN 978-7-122-35226-2

Ⅰ.①流… Ⅱ.①叶… Ⅲ.①网络营销-商业模式-研究 Ⅳ.①F713.365.2

中国版本图书馆CIP数据核字（2019）第212178号

责任编辑：罗　琨　　　　　　　　装帧设计：韩　飞
责任校对：王鹏飞

出版发行：化学工业出版社（北京市东城区青年湖南街13号　邮政编码100011）
印　　装：三河市双峰印刷装订有限公司
710mm×1000mm　1/16　印张14　字数189千字
2020年2月北京第1版第1次印刷

购书咨询：010-64518888　　　　售后服务：010-64518899
网　　址：http://www.cip.com.cn
凡购买本书，如有缺损质量问题，本社销售中心负责调换。

定　　价：48.00元　　　　　　　　　　　　　　版权所有　违者必究

前言

网络时代,信息传播的速度快得令人窒息,大 V 这个词也越来越频繁地出现在人们的视野中。"大 V"一词原本是形容微博上经过实名认证且有较多粉丝的人,时至今日却变成了只要拥有一技之长,就可以获得粉丝拥护的某一类群体。一个直播大 V 日进斗金,一个作家大 V 年入千万,成千上万的人都梦想成为这样的大 V,但这是一件需要有策略和技巧、技能的技术活。

为了使读者能更全面地了解大 V,并且以一个正确的方式成长为大 V,本书详细地分析了大 V 的成长历程,介绍了微信、微博、知乎三种大 V 平台的特点与特性,从大 V 与平台的角度对输出价值、营销推广、粉丝互动、获取收益以及它们之间的关系进行了解读。分析了不同大 V 的定位、发展方向与发展方式,对粉丝感兴趣的话题进行了细致罗列,帮助读者解决那些如何成为大 V 的困惑。

首先,想成为大 V 就要清楚网络背景和平台属性。通过本书,读者能够系统地了解网络热点的运作模式,以及提高被关注概率的方式和在各大平台上运作的技巧。

其次,本书也能指导那些有了一定数量粉丝的大 V 们如何高效玩转粉丝经济；如何在成为大 V 的道路上高效地解决阶段性问题，并做好各阶段之间的衔接工作。

本书摒弃了单调、格式化的指导风格，而是做到多元化，广泛接触各类新兴事物。书中对大 V 的一整套"涨粉"流程进行了细致描写，市场推广人员及公众人物都可以在本书中找到对自己有益的篇章，提高自己对网络热点的把控能力，更好地提升自身的粉丝数量和质量。

目 录

第1章 大V：时代的"宠儿" / 1

1. 影响力大，引领舆论浪潮 / 3

网络时代的意见领袖 / 3
信用的浪花 / 4
陈里：博士也大V，在没有路的地方做"铺路石" / 5
网络首善——钢子 / 6

2. 收益可观，有才，便会有财 / 8

大V也是一种职业 / 8
微博大V转发一次赚10万 / 9
Papi酱：4个月估值3亿元 / 9
唐家三少：从失业青年到年收入过亿 / 10

3. 为自己的产品和服务代言 / 11

用影响力让粉丝帮助自己宣传产品 / 11
雷军：另辟蹊径，为小米产品造声势 / 12
罗振宇：24小时售卖800万 / 13
韩寒：不只是作家 / 14

第 2 章　每个大 V 都是多面手　/ 17

1. 表达能力：犀利的观点要能秀出来 / 19

大量阅读输入知识，分享输出 / 19
搞定线下直播，玩转线下专场 / 21
六神磊磊：靠笔杆，完成一个小号的逆袭 / 22

2. 满满正能量，粉丝长相随 / 23

普通人的底线也是大 V 的底线 / 23
大 V 是负面效应的放大器 / 23

3. 担起社会责任，贡献自我力量 / 24

能力越大，责任越大 / 24
不能止于友情提醒，要身体力行 / 25
对惊悚劲爆消息，要谨慎转发评论 / 26
公开辟谣，消解戾气 / 26

第 3 章　大 V 定位：明确写作方向或运营目标 / 29

1. 内容定位 / 31

动漫：不只爱，还要会画 / 31
作家：让好作品为自己说话 / 32
财经：视角新颖，解读有价值 / 33
教育：传授知识 + 建立个性化特征 / 34
电商：利用直播与粉丝互动 / 35
时尚：懂时尚，自己还要时尚 / 36

2. 角色定位 / 37

换一个新角度，打破常规 / 37
虚构卡通、可爱、萌萌哒角色 / 38

3. 功能定位 / 39

塑造个人品牌 / 39
展示公司品牌形象 / 41
建立粉丝圈 / 42
以盈利为目的 / 43

4. 读者群定位 / 44

基本属性：年龄、性别、工作、收入 / 44
特定属性：兴趣、爱好、行为习惯 / 45

第 4 章　内容设计：挖掘粉丝痛点，产生情感共鸣 / 47

1. 挖掘目标人群内心真正诉求 / 49

提出好问题，困难解决一大半 / 49
多做调研，找出自己的漏洞 / 51
多做互动，让对方说出心里话 / 52

2. 用笔杆子打天下才是硬道理 / 53

一语切中粉丝痛点 / 54
跟上时代热点，让更多粉丝注意到你 / 54
多讲故事，让粉丝有共鸣 / 56
懂新闻"语言"的规律 / 59

3. 玩出名堂且保持超高人气的制胜法宝 / 61

娴熟地运用各种网络营销手段 / 61
建立高质量的创作团队 / 64
设计自身的创意符号 / 65

4. 不断更新自己的内容，维护粉丝黏性 / 67

具备冠军级的更新执行力度 / 67
更新内容有衔接，不重复 / 69
更新时间固定，培养粉丝阅读习惯 / 70

第 5 章　吸粉：不以吸粉为目的的运营都是白忙活 / 73

1. 做好吸粉前期准备 / 75

起好名：容易记，有意义 / 75
填好标签，让想关注你的人直接找到你 / 78
第一时间认证，形成权威效应 / 78
装扮好空间：加持行业属性 / 79

先定一个小目标：每日增长 500 粉丝 / 80

2. 菜鸟吸引第一批粉丝的技巧 / 80

有"光环"一定要带 / 81
亲朋好友分享转发 / 82
学会蹭热搜 / 83
互粉求关注 / 84
找大 V 帮忙转发推荐 / 84
持续不断发布"猛料" / 85
做表情包、做 H5、做小游戏 / 86

3. 良好的互动体验必不可少 / 88

有粉必回，有应必答 / 88
不定期转发抽奖 / 89
举办互动活动，共同"嗨皮" / 90
发动主题讨论，与粉丝进行深入互动 / 91
给粉丝送一些小礼品 / 91

第 6 章　文案推广：让路人转粉丝 / 93

1. 好文案三大特点 / 95

有趣：广告语要深入人心 / 95
有料：有内涵，杜绝假大空 / 96
有人味：把高深的道理讲通俗，才是本事 / 97

2. 打造吸粉文案内容的五大技巧 / 98

观点犀利，内容走心 / 98
戳中痛点，共享知识 / 100
分享干货，两个最佳 / 102
先卖关子，引发好奇 / 103
做"好事"要留名，引导关注 / 104

3. 文案版式设计：吸睛是第一要务 / 104

巧妙的色彩搭配 / 104
字体模式设置有技巧 / 105

卡通、漫画、美图样样必备 / 106

第 7 章　SEO 推广：让自己在首页上更好地展示 / 109

1. 了解搜索引擎工作原理 / 111

蜘蛛抓取网页 / 111
搜索意图预处理 / 114
排名展现 / 115

2. 热门关键词挖掘技巧 / 115

搜索排行榜：百度风云、谷歌热榜 / 115
百度指数：判断关键词的趋势和热度 / 116
SEO 工具：对预测关键词进行分析 / 118

3. 内链系统布局 / 119

文章结尾绑定相关文章 / 119
加入"你可能还会感兴趣的内容"模块 / 120
链接元素要做出简要文字解释 / 121
栏目页加入其他网站的内页链接 / 122

4. 外链建设渠道 / 123

友情链接：互换友链 / 123
网盘外链：向搜索引擎上传分享文件 / 125
新闻源：向新闻源网站大量投稿 / 126
博客论坛：今日头条、新浪、网易和腾讯等 / 127
文库外链：百度文库、豆丁等 / 127
问答平台：SOSO 问问等 / 128

第 8 章　盈利模式：大 V 的赚钱方式 / 129

1. 大 V 利益链条：先赚名，再赚钱 / 131

用噱头，赚名气 / 131
借热点，多关注 / 132
靠势头，搭台子 / 132

靠"僵尸粉"，刷不出影响力 / 132

2. 营销收入 / 134

广告分成变现 / 134
品牌合作盈利 / 134
电商转化模式（直播卖货）/ 135

3. 知识付费 / 136

会员付费："罗辑思维"打造铁杆粉丝 / 136
问答付费："分答"让知识共享、盈利更多样化 / 138

4. 虚拟打赏 / 139

打赏礼物分成 / 139
虚拟货币分成 / 140

第 9 章　微信公众号大 V / 143

1. 公众号大 V 属性 / 145

依托强大的社交和聊天工具——微信 / 145
透明性弱、关系质量较强 / 146
以知识分享为主 / 147
适合能持续输出知识的达人 / 148

2. 公众号大 V 养成方法 / 149

丰富有趣的生活资讯 / 149
即时迅速的热点新闻 / 150
幽默搞笑的漫画视频 / 151
原创前沿的评论见解 / 152

3. 公众号大 V 盈利的几大模式 / 153

软文广告："天才小熊猫"藏在皮毛里的技巧 / 153
广点通：文字链接广告位，以点击计费 / 155
VIP 用户收费：打造更顶级的圈子 / 157
靠微店、微商城转化利益 / 158

做服务、在线教育培训吸金 / 159
卖给 VC，获得融资 / 162

4. 公众号大 V 案例 / 163

无锡百草园书店：从几千粉小号到百万级大咖 / 164
朝夕日历：靠分享卡片活动净增 6 万用户 / 166

第 10 章　微博大 V / 169

1. 微博大 V 属性 / 171

透明性强，关系质量弱 / 171
互动性较强 / 172
侧重于自我分享 / 173
适合对热点话题敏感的达人 / 174

2. 微博大 V 养成方法 / 174

多评论，多互动，多转发 / 174
用吐槽与关键节点建立关系 / 176

3. 微博大 V 案例 / 177

同道大叔：大叔实为小鲜肉 / 177
蘑菇街：利用应用平台导流量 / 178

第 11 章　知乎大 V / 181

1. 知乎大 V 属性 / 183

透明性弱，关系质量较强 / 183
侧重于问题讨论 / 184
适合对问题有独到见解的达人 / 184

2. 知乎大 V 速成四大方法 / 185

干货流：简单犀利、观点新颖 / 185
博士流：知乎的大风口 / 185
影评流：靠电影这个天然的热点话题 / 186

热点流：永远站在人民群众这一边 / 188

3. 知乎推广几大技巧 / 188

引起读者的情绪波动：哭、笑、愤怒、渴望 / 189
会讲故事 / 189
专业知识分享 / 191

4. 知乎大 V 案例 / 193

张佳玮：神韵在于对篮球的挚爱 / 193
朱炫：内容闷骚而近妖 / 195

第 12 章　头条大 V / 197

1. 头条大 V 属性 / 199

透明性弱，关系质量较弱 / 199
侧重于因好奇心而引起的视野分享 / 200
适合输出短视频或提出当代痛点问题的达人 / 201

2. 头条大 V 养成方法 / 202

刷爆文，要先搞定平台 / 202
培养数据思维，让数据说话 / 203
弄懂智能推荐算法原理，加大曝光率 / 205
制作有看点的短视频 / 207

3. 头条推广四大技巧 / 209

从不同的渠道切入热点主题 / 209
靠评论区激发流量 / 209
互动 + 转发，激起多轮小高潮 / 210
文字不能太长，3 ~ 8 张配图 &500 ~ 800 字 / 211

第 1 章

大 V：时代的"宠儿"

大 V，是网络时代的产物。快速成名、影响力巨大、链式效应等特点都体现在了大 V 身上。大 V 如今不仅仅成了网络时代的代言人，还成了这一时代的"宠儿"。

1. 影响力大，引领舆论浪潮

如今，大 V 的影响力逐渐增大，他们引领着大众的休闲生活，表达着当下的主流观点，成为热点人物或者意见领袖。

网络时代的意见领袖

社会学家保罗·F.拉扎斯菲尔德（Paul F. Lazarsfeld）在 20 世纪 40 年代提出了"意见领袖"这个概念。新的信息和思维会通过社会上的各种媒介传播，时至今日，互联网改变了过去传统的信息交流方式，极大地加快了人的认知和接受新思维的速度，网络时代的"意见领袖"发挥着比以往更大的作用。

"意见领袖"具体到人之后就有了明显的特征：或者是在某一领域高屋

建瓴,或者是有自己独到的见解。当然,意见领袖并不局限于某一特定领域,也不分阶层、不分地域而存在。网络时代的信息传播没有传统媒体的局限,能遍及每个角落,这就使得网络时代的"意见领袖"可以最大限度地发表自己的见解。

网络时代具有内容丰富性和观点不统一性的特征。所有人都能在第一时间思考种种社会现象并自由表达观点。由于网民对待同一事件的看法不尽相同,这就使得一些能够运用专业知识来分析问题的人收获了大量的粉丝,久而久之拥有了固定的交流群体,"意见领袖"也就此出现。

现代的"意见领袖"更多集中于微博、知乎、豆瓣这些网络平台,所涉及的内容范围很广。例如,评论财经热点、电影书籍、社会事件,都能吸引大量看客。即使是观点相左也不会影响观点的传播。受众最多的"意见领袖"有独到的见解,他们对事物有理有据的深度剖析能被大部分人接受,渐渐地这些"意见领袖"有了自己的专属名词——大V。

信用的浪花

在互联网时代,信用本身就是一种资源,积累得到的良好信用能够产生具体的价值。

2017年8月4日,中国互联网络信息中心(CNNIC)在京发布第40次《中国互联网络发展状况统计报告》(以下简称《报告》)。《报告》显示,截至2017年6月,中国网民规模达到7.51亿,占全球网民总数的1/5。

但是在微博及其他平台上真正称得上"大V"的人却少之又少,从上述数据就可以推测出:极高的信用度只集中在少数人手里。而大V不仅需要有极高的专业水准也需要极高的信用度,所以想成为大V,提高信用度就是一个必要条件。

《狼来了》这一寓言里面一共有三个场景:第一个场景里小男孩呼救时,村民们纷纷前来救助,但是发现被小男孩骗了;第二个场景重复了前一个场景；到了第三个场景时小男孩的信用已然全无。从这个故事里可以看出，每个人在参与社会活动时都有自己可用的信用度，一旦自身对其不加重视或是恣意践踏便很难再度复原。因此，大V在发布或转发各种信息之前必须再三斟酌，不转发虚假、无用信息，须确定信息真实性之后再进行转发，切忌自相矛盾。唯有如此，才能一步步积累自己的信用。

陈里：博士也大V，在没有路的地方做"铺路石"

陈里是一名社会学学者、管理学博士，他注册了自己的微博。陈里最初接触微博时也只是想试试水，但是慢慢地他发现，在微博上能够发现许多平时看不到的现象，能和各行各业的人讨论问题。后来陈里把微博进行了实名认证，用他的话说，"与读者以诚相待，提高信誉度"。

陈里作为社会学学者、管理学博士，致力于研究民生和社会管理问题。脚踏实地是陈里的一贯作风，其微博如图1-1所示。陈里用一双善于发现的眼睛，发现着生活中不起眼的爱，并利用自己的微博把这些爱传递出去。

图1-1　陈里的微博

2012年5月,受到几位大学教授的影响,陈里想参与"请农民工吃饭"的活动,此时的微博发挥了巨大的作用,一位开通了微博的农民工将陈里自费请农民工吃饭、给农民工买礼物的消息发布了出来,受到了农民工的赞扬。陈里对农民工的关爱以及其微博的强大影响力使得陈里进一步贴近了农民。

一方面是学者,一方面是微博大V,这两重身份使得陈里在普通居民与知识阶层之间搭建了双向沟通的桥梁。通过微博,陈里能收到来自普通百姓的大大小小的问题,以学者的身份进行研究思考,并把相关意见反馈给相关部门,方便相关部门对社会问题进行更加细致的了解。同时,还能通过微博把一些惠民政策用通俗易懂的语言讲给老百姓,使得原先上下交流不便的问题迎刃而解。陈里就是这样,利用自己微博大V的身份担当了政府与百姓沟通桥梁的铺路石。

网络首善——钢子

微博大V"钢子"在微公益平台上捐款超过1000万元,在新浪微博上带动了270万人关注公益,帮助了5万多人。2013年9月微博大V"钢子"发起"钢丝善行团全国万里行"活动,走过了19个省、市,全程21000千米,途经多所高校。这些"战绩"都来自一个低调的微博用户"钢子",如图1-2所示。"钢子"的善行影响了千千万万的网民。

图1-2 "钢子"的微博

在接受媒体采访时钢子谈到了自己的经历：出生于一个普通的东北农民家庭，从小跟着姥姥长大，14 岁时独自一人到河南少林寺习武。从少林寺学成后凭着敢想敢干的精神，在经历了不少坎坷之后淘到了人生的第一桶金，那年钢子才 18 岁。

20 岁时，一个偶然的机会让他有机会到俄罗斯游学，在异国他乡那片辽阔的土地上，钢子小时候的经历给了他打拼的勇气。多年的拼搏，赋予了他与年龄不符的成熟，同时他也感觉到了疲惫。但是几则社会新闻让钢子找到了继续奋斗下去的动力。

钢子在网上翻看新闻时看到了几起社会上发生的不公正事件，让他极为愤怒，钢子开始考虑自己怎样去帮助这些受害者。于是钢子就有力出力、有钱出钱。尽自己的能力为遭遇不公者打抱不平。经历了这些事钢子又体验到了那种充实生活带来的快乐，从此以后钢子走上了公益这条"不归路"。

在钢子苦于没有渠道做大自己的公益事业时，微博兴起了。它为钢子提供了一个广阔的平台。有位采矿工人需要做肺移植手术，钢子捐款 5 万元人民币；在为环卫工人送早餐的公益活动中，他捐助 18 万元人民币；一位名字为郑益龙的武警战士为救溺水青年牺牲，他捐款 40 万元人民币。钢子做的慈善活动不胜枚举，他一心扑在了公益事业中，用行动去帮助那些有困难的人。

钢子的微博上总是写着诸如"还差多少，我来补齐""已补齐"这类话语。经过长时间的积累，受助人群也渐渐扩大，范围从城市扩展到山区。钢子的爱心与行动渐渐地影响到了更多人，这时钢子也发现自己已经成了微博大 V，在其号召下无数人开始关注并参与公益活动。钢子通过微博发起了"一起捐"的公益活动，没想到响应号召的有 997 万人，累计捐款 1000 多万元人民币。微博散发的影响力完全超出了钢子的预料，他没想到一个微博大 V 能有如此大的影响力，而直到现在这股影响力还在继续扩大。

2. 收益可观，有才，便会有财

大 V 的收入一直是大家感兴趣的话题。随着大 V 名气的提升，有很多大 V 的身价也随之倍增，但这个职业不是总能够名利兼收的。这需要大 V 能够充分利用自己的才华，坚持不懈地向社会公众传输优质的内容。同时要坚信，在这个时代，只要有才华，只要肯撸起袖子加油干，就一定会得到应有的回报。

大 V 也是一种职业

Essena O'Neill 是澳大利亚最出名的女网红之一，也是一名资深大 V。不过在 2015 年 11 月她删除了所有自己在社交媒体上的照片，并在 Youtube 上放出了一段素颜视频解释自己删掉照片的原因。视频的大致主题是："我厌倦了网红圈，我要退圈，追求自己想要的生活，不为人左右"。

在视频里她说出了网红背后的故事。她在视频里说："当你成为网红后就是找到了自己的职业，每次发状态都要被商家植入各种广告，自己推荐的产品、游玩地点都是收了广告费的。"当然，这些赞助公司会要求网红为自家公司产品做一些宣传。正是通过这样的包装、宣传、推广，Essena O'Neill 也越来越火，她所宣传的产品也越来越火。

然而，万事万物的存在必然都具有双面性，Essena O'Neill 的事也不例外。她讲到做宣传有时是一种进退两难的事情。大多数情况下宣传的产品都没有太大的问题，但有时候，也会遇到一些比较尴尬的事情。有时网红大 V 的幕后，也会存在着不为大家知晓的潜规则。所以她感到孤独、痛苦，于是决定退出网红圈开始自己的新生活。

许多人读到这里会认为，成为大 V 要经历许多痛苦，不得不做一些自己不喜欢做的事。同时也会认识到：大 V 原来可以成为一种职业，而且还是一个高收入的职业，只要用心经营，一切都有可能。既然是一种职业，那也就有了职业的专有属性——"跳槽"。

微博大 V 转发一次赚 10 万

有的微博大 V 的每次转发会被少则几万人,多时甚至可以达到上千万人看到。嗅觉灵敏的广告商早已盯上了这块"大蛋糕"。

广告商最关心的是如何扩大自己的用户群。如果大 V 发了视频,被大量的人看见,意味着广告就成功了一半。唐家三少的一个广告位能卖到数万元;也有大 V 给汽车打广告,一次性收入十余万元人民币。这就是粉丝经济带来的红利。

除了广告还有其他的合作模式。比如有些公司的微博账号为了能快速打出知名度,常常利用微博大 V 的转发。公司在微博上先做好内容,将公司的标签渗透到内容里。比如制作一部微电影,在制作方介绍部分写上公司名字,然后让某些微博大 V 转发。微电影的主题可能与公司无关,但是大 V 的粉丝们在看完大 V 的转发以后就会注意到这个公司,大 V 就这样轻松地获取了转发费。

其实,每个大 V 都有同样的底线:转发的内容必须要好。"开脑洞"也好,小说连载也好,总之不能破坏大 V 的公众形象。例如,某当红明星用微博进行广告宣传,增加与粉丝互动的同时,分享一些好玩的内容,在不知不觉之中就获得了转发收益。

如今的网络时代商业化气息非常浓,早期的大 V 其实并没有想到自己手里的粉丝资源可以转化为收入,刚开始只是觉得好玩。正是商家发掘了大 V 背后的巨大商业价值,所以现在很多人看到大 V 的巨大收益后开始疯狂打造自己,认为只要能为自己聚集起大量粉丝,就有源源不断的商业合作。

Papi 酱:4 个月估值 3 亿元

"大家好,我是一个集美貌与才华于一身的女子",这是大 V"Papi 酱"的开场白。2015 年网名为"Papi 酱"的姜逸磊开始在微博上推送几段时长 3～5 分钟的短视频,视频里犀利的吐槽、精湛的演技、夸张的表情配合合成后的声音,意外地在网络爆红。有网友戏称 Papi 酱的短视频是配音版的表情包。

Papi酱的每期短视频都是她一个人制作，换好几套衣服，对一个人来说这个工作量是不小的挑战。但在短短半年时间里Papi酱的微博关注量就突破了1000万，每条短视频的点击量都超过了10万次。这样炙手可热的自媒体自然不会被埋在沙子里，她马上就成为各大广告商追逐的目标。

2016年3月，"罗辑思维"创始人罗振宇举行了投资Papi酱的广告资源招标沟通会，门票价格更是高到了8000元人民币一个席位，最终Papi酱视频贴片广告资源以2200万元的价格成交。从推送短视频开始到千万广告位只用了短短的4个月！罗振宇说："我的'罗辑思维'上百人的团队用了3年时间才积攒起600万的用户，Papi酱一个人用了4个月就积攒了千万的关注度，估值3个亿。"

罗振宇是个擅长营销推广的专家，这里面潜藏的商业价值自然不会被浪费，成功获得融资后的Papi酱真正体会了以前只有在短视频里才会出现的优厚待遇，甚至现身于法国的顶级时尚宴会。微博让她从那个来自短视频里自嘲的"逗比女神"成了"网红一姐"。微博这个平台提供了发生各种奇迹的可能性。

唐家三少：从失业青年到年收入过亿

唐家三少，蝉联几年网络作家富豪榜榜首，2016年版税收入1.1亿元人民币，入选"国内福布斯名人榜"。就像是童话故事，唐家三少完成了多数人一辈子也完成不了的收入飞跃。

唐家三少真名叫张威，在18岁时就加入了IT行业，在当时拿着很高的薪水，憧憬着自己的未来。

在2004年IT行业泡沫破裂，失业浪潮此起彼伏，张威被辞退了。失意之时张威在妻子的鼓励下开始写作，没想到自己的作品竟然能够一炮而红，此后顺利签约起点中文网，开始了专职写作。目前他的小说阅读量已突破

3亿，每天坚持7000字左右的创作量。2016年2月24日唐家三少在微博上推送了一条消息："不忘初心，方得善终。"以此纪念自己开始文学创作的12周年，而此时他的微博关注量也达到了300多万。

直到现在还有数以百万计的读者每天等着他更新小说，同时唐家三少凭借自己的影响力开始进军影视业，把自己的小说改编成电影剧本，继续书写神话。

3. 为自己的产品和服务代言

名人效应，是指大V们用自己的名气为自己的产品代言，用名气来保障服务质量。

用影响力让粉丝帮助自己宣传产品

如果一个大V有了足够多的粉丝，那能做些什么呢？大都会选择投资或是做生意，为什么呢？

首先是大V的粉丝会比一般人更关注大V的动态，"开了家店铺"这种事会被粉丝第一时间捕捉到。粉丝群本身就是一个极大的团体。大V只要在粉丝群里发点消息、发点优惠就能带动粉丝去消费，这本身就是一个十分有效的广告。粉丝又可以帮助完成二次宣传，推荐给旁边的人，带动其他人去消费。这虽然是最简单的推销，但却具有巨大的效果。

其次是利用粉丝群体的好奇心。简单说，一名粉丝突然了解到一家店是某位大V开的，好奇心一定异常强烈，很可能会去一探究竟。大V根本不需要宣传，因为有时候宣传越少，神秘感越强，也就越吸引人。在首次消费达成后，如果店铺的口碑足够好，这些原本只是好奇的粉丝就慢慢地成了忠实顾客。

这里须请各位即将成为大V或已经成为大V的人注意，如果大V宣传的店铺与自己的本职身份不太相符，应该尽量减少推介或曝光。此处提及的"不相符"是指品质上的不相符。

粉丝人群和非粉丝人群在消费时潜意识里都会对大V产生一定的信任感，因为大V作为公众人物，任何欺骗的行径都会被无限放大，所以大V在产品质量的助力宣传上也会非常注意。这就使粉丝不必货比三家，店铺里的每件东西都有质量保障。粉丝的天然信任感，各位大V更不应辜负。

雷军：另辟蹊径，为小米产品造声势

雷军在印度演讲之后又多了一重身份——"歌星"，一句"Are you ok?"迅速火遍网络，甚至还被人编成"神曲"在网上传播。这只是个小插曲，大家一笑了之就好，但是雷军为小米宣传造势的手段还是很高超的。

海底捞、同仁堂、Costco（开市客）三家企业在雷军看来对他创立的小米影响深远。海底捞和同仁堂都是国内著名的企业，咱们暂且不论，而Costco这家国外的零售商的经营则直接影响了小米的销售模式。那Costco是家什么样的企业呢？又为何对雷军的影响如此之大呢？

故事从雷军在美国的参观之旅开始。Costco是美国的一家著名超市，主营家电、居家用品，以价格低廉、商品质量上乘著称。雷军很好奇这家企业的做法，他在参观后发现了秘密：首先，这家企业的毛利润控制在很低的范围内，这样就直接降低了售价；其次，超市内同一类型的商品不会有很多品牌，每件产品都经过了严格筛选，比如吸尘器货架上只有两个牌子的产品，顾客不用担心质量，不用拿着几件产品考虑哪个质量更好，拿起来去结账就行，没有后顾之忧。

Costco简单有效的做法为其赢得了大量的顾客，毛利润很低却不会影响Costco的盈利，因为Costco还有一个特别的地方——会员制，每个进入Costco超市的顾客必须持有会员卡，执行会员年费110美元，非执行会员55美元，就这样，Costco依靠会员费实现的收入达到了24亿美元，而其中商品利润为10亿美元，而消费者以低廉的价格购入了质量上乘的居家用品，这显然是个双赢的策略。

雷军归国后开始认真思考 Costco 的做法，分析它的模式，制定出了小米的独特销售方式，那就是小米商场会员制。凭借产品价格低廉的优势，小米商场会员制在国内一经推出，立即为小米打响了名号。小米手机在发布之初也进行了大胆的尝试：发布会和饥饿营销。发布会是个烧钱的活动，但是效果却立竿见影，甚至不用主动找媒体宣传：到场的观众见识到简单大方的演讲台、精致的产品介绍，即使不会购买也会一传十、十传百地与周围人交流到场参观的感受，无形中为小米做了宣传。

其实，饥饿营销做起来也不是那么简单，要保证产品质量，否则就只有饥饿、没有营销。小米每期的新产品都是限量发售，给人一种物以稀为贵的感觉，加上低廉的价格，每次发售日期一到，几分钟内就能被抢购一空。

会员制、发布会、饥饿营销这些策略经过雷军团队的改进几乎成了范本，在之后有许多新兴公司纷纷效仿。

罗振宇：24 小时售卖 800 万

2012 年 12 月 21 日是罗振宇特意选定的《罗辑思维》的开播日期，这个时间也是玛雅预言里的世界末日，选在这一天开播颇有"救世主"的意味，但这档知识类脱口秀节目似乎也真的做到了——"解救"了许多知识饥荒、没有时间接触新奇事物的人。

罗振宇与人合作组建了"罗辑思维"这个团队，这个团队最大的属性就是新媒体运营模式。当时的赞助商还对这种新兴事物持观望态度，赞助费并没有给多少。罗振宇在一开始称自己是个说书人，给大家讲故事，说某本书；但是一期《罗辑思维》是不可能说完的，一部分听众便开始上网购书。书卖得多了，慢慢积聚了许多粉丝，这时罗振宇搬出上文提过的策略——会员制。

"罗辑思维"官网发布了对会员的解释："罗辑思维"不会承诺有物质性的收益回报，会员群体是以相同价值观为基础的社群。通过《罗辑思维》，很多观众发现了志同道合的人，毕竟在现实生活里可不一定能找到，交会员费也是自愿的。"罗辑思维"更像是提供了一个大的信息交流平台。第一次发售会员资格，"罗辑思维"在 5 小时内收到了 160 万元人民币；第二次 24 小时内收到了 800 万元人民币。会员制在运行了 3 年后，以罗振宇的《有奔头，一起过》宣告了结束，但是这 3 年里会员费的收入以及粉丝量却是"罗辑思维"最大的资产。

说书人做图书、在电商平台上卖书理所当然，所以罗振宇在网上试了一把水，2014 年 7 月罗振宇在节目里提及在自己的微信公众号上将推出售价 499 元的图书大礼包。一个半小时内 800 套礼包销售一空，"罗辑思维"团队的账面上瞬间多了 40 万元。

当大家都开始卖热门图书时，"罗辑思维"又另辟蹊径开始了讲历史，说外国的外文书。文史类的好多书籍都是以前出版但是现如今绝版的，罗振宇先提高书的知名度再与出版商联手将其"复活"，让其再度成为畅销书籍。

另外，有些外文书籍虽然在国内有一定知名度，但由于文化差异和语言隔阂很少有人去触及。罗振宇充当了试金石，给听众一个看这本书的思路，提起听众的兴趣。对于这类书罗振宇会享有几年的独家版权。当然，罗振宇对这种知识收费的模式还在继续进行探索。

韩寒：不只是作家

许多文化人不再满足于纸上的故事，开始涉足影视行业，国内外当红作家都忍不住过一把"导演瘾"。

2014 年作家韩寒执导的电影处女作《后会无期》几乎刷爆了微信朋友圈。影片的质量中规中矩，但却点亮了韩寒的导演路。2017 年他执导的《乘风破浪》又一次给观众带来了惊喜。韩寒也再一次用实力证明了自己的导演能力，展示了自己多方面的才华，不仅仅局限于写作。

通过微博购票的多数是电影爱好者，他们一般是在看了微博的主页信息后决定观影。在观影后第一时间也会发出正面影评和评价者共同打造电影的良好口碑。在这种意见领袖的正向引导下，可以进一步增加观影人数。不只是主创人员和影评人士，参与微博预售的第三方，诸如淘宝电影，也能帮助微博预售扩大宣传，把影片的所有营销活动的主办权最大限度地掌控在己方手中，形成良好的闭环营销。同时微博也成了宣传的最大"战场"。

被炒热的粉丝经济是当下最火的营销模式之一，韩寒的粉丝很期待韩寒的作品被搬上银幕。电影作为文化消费的重要组成部分，只要能出新的改编电影，就会有粉丝乐于走进影院。电影质量并不会影响粉丝们的热情，粉丝观影其实就是一种形式化的追星活动。大V的周边产品算是最早的粉丝经济，从早期的海报、签名照，到CD唱片、书籍。如今粉丝经济也超越了文娱界，在社会各行各业中风行。

第 2 章
每个大 V 都是多面手

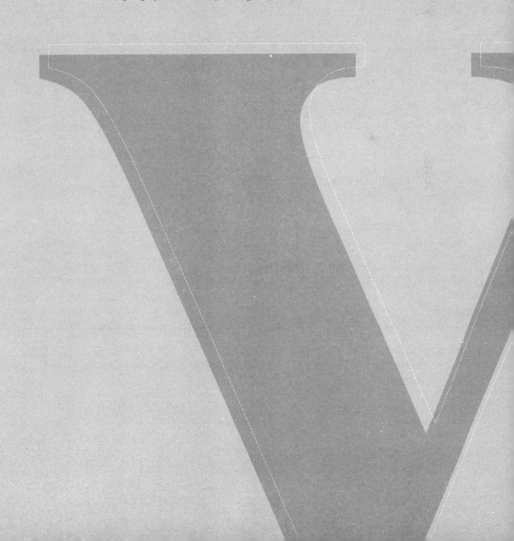

时代在进步,大众的文化水平也在不断提高。大 V 作为某一领域的意见领袖活跃在各平台,但如果只有单一能力很快会被埋没。一个大 V 不仅要会经商,还要长于表达,能够快速接受新事物,就像一个小说家不仅要会写作,还要会营销。在一个人身上体现多种能力,成功的大 V,多为多面手。

1. 表达能力:犀利的观点要能秀出来

有再多好思路、新奇想法,但是表达不出来又有什么意义呢?或者能表达,但是胸无点墨,谁会去相信你的言论呢?表达和知识积累是每个大 V 成功的必经之路。

大量阅读输入知识,分享输出

罗振宇卖了许多书,表面上看是他最大限度地发挥了说书人的功效,但根本原因是有许多人想要汲取知识,提升自己的认知水平。任何行业都在随着时代不断变换,想要跟上快速发展的时代,就要不断更新脑子里的知识,不断接受新事物。

对大 V 和读者来说，阅读本身就是提升自我的方式。如图 2-1 所示，阅读能给人们带来很大的收获。

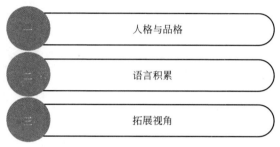

图 2-1　阅读的收获

（1）人格与品格。不管是生活还是工作，都会遇到许多人，只要有人的地方就会产生价值观的碰撞。

对大 V 来说这一点就更重要了，接触的人要比一般人多，所以需要更多地了解人。比如在面对一些粉丝的夸张行为时，心里要知道该怎么应对，或者是面对有困难的粉丝时知道该怎么安慰，并且做到对各种言论都可以轻松面对。

（2）语言积累。马伊琍的一句"且行且珍惜"风靡网络，可见语言积累的功底。大 V 在平台上写文字性的东西时要做到信手拈来，避免出现"掉笔袋子"的情况。

对于作家型大 V 来说，这一点就更为重要了。通过大量阅读来丰富自己的知识积累，了解其他流行作家的风格，了解读者喜欢看什么；否则，宣传得再好，空洞的语言是吸引不了读者的。

在与大 V 座谈或是采访他们时，能明显感觉到有些大 V 的深厚文化底蕴和高情商，这些人即使被问到尖锐的问题，也能成功应对。

（3）拓展视角。现在太多的人没有时间去阅读、去思考。大 V 就充当了知识再加工的角色，将其认为的精华传达出来。粉丝养活大 V，大 V 读书传播知识，两者之间形成互惠关系。

在面对一些视角很广的粉丝提出的问题时，大 V 也要做到游刃有余，给粉丝满意的答案。高晓松虽然是以音乐人的身份走红，但是在视频平台开办的脱口秀节目《晓说》，内容非常丰富，显示了高晓松本人非常渊博的知识。节目内容也非常充实，充分体现了他丰厚的学识底蕴。这一档节目也把高晓松变成了粉丝了解历史、了解国外的"利器"。

搞定线下直播，玩转线下专场

最常见的线下直播如电影发布会、读者见面会，就是把大 V 拉近到粉丝面前，双方之间高效互动。线下直播也不单单是指面对面，在某个场地举办活动时可以用相关的 APP 参与直播。让到不了现场的粉丝也能感受到气氛。虽然也是通过屏幕，但大 V 就像是粉丝的邻居，会消除那种网上的距离感，让大 V 与粉丝通过屏幕像是朋友在一起交谈。

在线下直播前，要做好细节性的准备工作，保证直播能够高质量进行。一些直播达人的小细节可以拿来参考。

（1）亲自测试。在条件允许的前提下，到现场亲自查看设备的使用情况，尽早开始试用，尽早发现问题。我们经常看到一些歌手在唱歌时话筒突然坏了，场面就显得很尴尬。亲自测试还是很有必要的，它能尽量保证不会在直播过程中出现什么意外情况，影响直播质量。

（2）保证网络。直播是建立在网络基础上的，做好直播需要至少 4 米 /秒的上传速度，最好是使用专线网络。粉丝看到精彩处时突然画面断了，会做何感想？所以一定要保证网络的畅通无阻。

（3）前期宣传。再好的线下活动、再有名气的大 V，如果没有事先通知就突然举办一场活动也会影响效果，粉丝连准备的机会都没有，媒体想要报道都赶不上。所以在活动前的一周就可以开始宣传，扩大影响。线下活动最大的好处就是可以借助媒体宣传，只要在线下活动中保证了质量，媒体自然会抓住机会大力报道。

前期工作做好后就可以顺利进行直播工作了。在直播过程中，互动环节一个都不能少。以发布会为例，主要的互动情节包括现场提问、赠送礼品这两大部分。其实我们看到过的现场提问都是一些不会太死板的问题，毕竟和正式的电视采访不太一样，大 V 要做好回答一些稀奇古怪问题的准备。赠送礼物也不是"抛绣球"，有序发放是最好的。

六神磊磊：靠笔杆，完成一个小号的逆袭

六神磊磊实现了很多微信公众号都梦寐以求的目标，从一个不出名的写手建立的不知名的公众号到拥有 50 万粉丝，再到一条广告收入十几万元人民币，年收入上百万元人民币。六神磊磊就像金庸笔下的某个草根逆袭成为武林高手一样，迅速获得了粉丝的关注与追捧。

2013 年一个偶然的机会，六神磊磊建立了一个微信公众号"六神磊磊读金庸"，他的第一篇评价金庸及其小说的文章迅速走红网络。整篇文章把金庸小说里的人物和情节转换到现实背景下，解释人物的动机，语言诙谐犀利，时不时加上文人式的吐槽，一时间火遍微信朋友圈。而后六神磊磊脑海里储藏已久的东西开始井喷式涌现出来。

《你我皆凡人》《金庸、古龙、鲁迅会怎么写爸爸去哪儿》等读起来轻松又有实质的文章连续发表在他的微信公众号上。仅仅用了两年时间，六神磊磊的粉丝数量不断疯长，每篇文章阅读量都能达到 10 万次以上，最多的甚至能达到 100 万，这对一个个人微信公众号来说是非常高的阅读量。

而六神磊磊的微信公众号能圈粉无数，一方面与他的兢兢业业的从业态度有很大关系。公众号想要吸引和维持庞大的粉丝人数只靠几篇爆发性的文章是不够的，需要有优质文章的长期且不断更新。另一方面，六神磊磊的文章会结合时下的新闻与事件来解读金庸的小说，表面上是在读金庸，实则是

在写世事，过硬的文笔造就了六神磊磊文章的高度可读性。这两方面的优势促使六神磊磊"一笔成名"。

2. 满满正能量，粉丝长相随

大V在获得成功以后，发布在社交媒体的留言也带有了导向性，也许大V的某句话就能够影响一个人的价值观。所以大V在进行个性化的言语评论时，也要与社会主流价值观相契合。作为大V，只要你能做到言语充满正能量，又不乏张扬的个性，那么你的粉丝必然会长久相随，粉丝的数量也会与日俱增。

普通人的底线也是大V的底线

大V和网民褪去了身份的外衣没有什么区别，在对事情的容忍程度上，大家都一样，都在一个区间内波动。

为了满足粉丝的需要，大V不得不想尽一切办法去迎合粉丝的期待，不过大V必须要给自己设定几条底线。

第一条是社会的底线。这是最基本也是最重要的，往大了讲就是要热爱祖国和维护社会稳定。

第二条是自身的底线。大V作为公众人物，面对网民，面对会拿着放大镜观察自己的粉丝，本身的言论和行为要有个度。

第三条是自己可以接受的网民行为的底线。网民对一个大V可能发起一些恶意的评论，这是成为公众人物后不可避免的消极影响，能一笑了之的尽量不要纠缠；但若是关乎个人安全和名誉，要及时采取正当的法律手段。

大V是负面效应的放大器

每条谣言的后续发酵基本都和大V脱不了干系。谣言被大V转发后，会迅速增加谣言的传播速度。

谣言在被大V转发后其传播速度会发生根本性的变化，几乎每条爆炸性的消息都是经由微博大V转发后被社会各界所知的。一些居心叵测的博主为了博人眼球会事先编好谣言，再使用几个微博账号在同一时间发布，增加被其他微博大V转发的概率，而后顺理成章地上头条。所以，大V对影响社会安定、引起社会恐慌的消息传播有着加速器的作用，因而作为大V的自媒体必须学会判断消息的属性。

在判断是否会产生负面效应时可以从以下几个角度来判别。

（1）真实性。理性判断是否真实，可信度有多少。不少信息稍加思考就能判断出真假。对虚假和存疑信息坚决不转发。

（2）合法性。国有国法，家有家规，触及敏感字眼、违反法律法规的内容坚决不传播。

（3）负能量。社会上每天都在发生各种事情，每件事情里都有积极的一面和消极的一面，应尽量让粉丝看到正面的一面，传播正能量。

（4）复杂性。有些真实消息没有违规也没有积极消极之分，但是其背后会牵连出许多内容，这些内容都存在不确定性。所以转发的消息尽量以简单直接的为主。

不传播负能量，引导大众的正面情绪，应是一个大V的职责所在。

3. 担起社会责任，贡献自我力量

每个参与社会生活的人，都要承担自己应该承担的责任。大V也一样，有些责任虽然不具有强制性，但由于大V本身所具有的影响力要远高于普通民众，所以要格外有担当。

能力越大，责任越大

各界大V的影响力就和网络的发展速度一样，呈指数式的爆发。

能力越大，责任也就越大，这种能力可以发挥在做公益上。各位努力经营自媒体的读者，请记住：在做公益这件事上，到现场积极参与要远比口头宣传强。比如在教育上，陶行知老先生不仅著书立说，还常去各个学校亲自教授。他们把能力转化为行动，尽自己的能力为人们服务，对他人负责也是为自己负责。

不能止于友情提醒，要身体力行

33岁的朱先生是某媒体的创始人，而他最喜欢做的事就是在微博上帮助网友解答一些疑惑。一旦网友有了疑惑都会在他的微博上留言，朱先生看到后必然会亲自解答。

有些网友会问到国家新出台的政策或是新调整的政策，由于一些误解或是误传造成了以讹传讹的情况，朱先生会亲自到相关部门咨询，查阅官方网站的文件，给网友一个正确的说法；而且对网友没有提到的内容也会给出提醒，提示大家要注意。这样的行动让不少网友消除了当前的疑惑，也避免了以后的麻烦。

一些生活中的谣言也会被提到，这时朱先生会亲自做实验，给网友一个令人心服口服的解释。这样的大V会受到网友的拥护。比起友情提醒，采取实际行动更能深入人心，也应了那句话：实践是检验真理的唯一标准。

中央电视台有一档《是真的吗》的电视节目，收视率非常高，节目的模式和朱先生的行动一样，把生活中的谣言拿来做实验进行证伪。比如网上流传着"购物赠送免费旅游"这一话题，需要购买的商品价格高昂，网友不知道是否该相信。于是节目组及时明察暗访，将整个虚假骗局全盘揭露，不仅解答了网友的疑惑，也给网友打了一剂预防针。

大V比常人掌握更多的资源，能更方便地对谣言、流言进行证伪。大V要及时提醒，为网友提供警示和保护信息。与此同时，大V的名气也会越来越大。

对惊悚劲爆消息，要谨慎转发评论

和上文提到的一样，大V们得到消息后必须理性判断是否能推送。网上不乏一些奇奇怪怪的消息，这些和科学道理相悖的消息只是为了博人眼球。大V要做到不转发、不评论，还要积极抵制这类信息的传播。

惊悚消息有两大类：一类是确实发生了的；一类是造谣的。对待两种消息要采用不同的态度。前者需要慎重考虑是否转发。比如2012年发生的"毒胶囊事件"，救人治病的药成了毒药。这种事大V要在求证后第一时间大量转发，让网友看到哪种药存在风险。

还有一些消息能带来很大的负面效应或很有可能引起社会恐慌，这类消息要积极抵制。大V有比普通人更大的责任遏制这种消息在网络上的传播，帮助净化网络环境，让网友免受这些谣言的困扰。

公开辟谣，消解戾气

既然是辟谣，就要顾及辟谣言论本身的真实性，不能以谣辟谣。辟谣也要选对方式和方向，不能乱来。

（1）科学是依据。大多数谣言的产生都是没有科学依据的。2011年，因日本"3·11"地震，我国多地发生抢购食盐现象。抢购主要由于网络盛传海水受到污染，今后生产的海盐不安全、不能食用；含碘物品可以预防核辐射；还有人传言食盐要涨价，造成各地市民盲目抢购碘盐……正是这种看似有理却是无稽之谈且没有科学依据的谣言致使多地出现抢盐风波，促使盐价大涨。

（2）遏制假消息。比如造谣禽流感事件，这种虚假消息会促使人们产生心理恐慌，让人们感到手足无措。面对这种消息，相关部门要及时出面澄清，惩治造谣者，还老百姓一片晴天。

（3）使用视频和图片。这是两种最有利的辟谣手段。只靠文字来描述，受限于网友的理解能力不同和文字本身的特性，传播能力并不强。制作视频和图片就有很强的直观性，对网友来说，眼见为实。

（4）真实案例。其实同一个谣言会在不同时间内多次出现。大V可以把以前出现的情况写出来，这比科学解释更有说服力。

总的来说，大V要先保证自身正确的科学观和充足的知识储备，积极辟谣，消除戾气，发挥自己的最大能量。

第 3 章
大 V 定位：明确写作方向或运营目标

大V是个广义的定义，大V可以是商业大亨、美食达人、影视明星、体育明星、作家，等等，从类别分更是五花八门。所以要先明确自己的定位，要写什么类型的文章；推荐给什么样的人群；用哪种运营方式。一定要做到先定位、再运作。

1. 内容定位

文章的内容如何定位是大V要首先考虑的，找准自己的文章定位，也就有了文章的主心骨。然后在有了大的框架后才能高效创作内容。

动漫：不只爱，还要会画

想要更多人看到自己的动漫，必须要有鲜明的特色、新奇的画风、扎实的功底。美籍华裔画家黄齐耀老先生从热爱绘画，直到被世界所知，他的经历展示了一个绘画大V是如何成功的。

绘画的风格有很多种。但是20世纪40年代中国传统水墨画似乎和动漫没有一点关系，和如今相比，那个年代的水墨画只是挂在墙上的艺术品，并不能被大多数动漫群体接受，水墨画和动漫之间似乎没有任何联系。黄齐耀开创了一个流派：水墨动漫。

迪士尼在制作《小鹿斑比》时遇到了一个大问题。迪士尼一直惯用巴洛克式的繁复与色彩艳丽的风格，但是在制作《小鹿斑比》的森林背景时需要画师画出每一个场景的每一片树叶、每一根小草。而一部电影制作下来这样的场景可以说有成千上万，这无疑是个"魔鬼任务"。

黄齐耀当时在迪士尼工作，了解到这个问题后便主动请缨，用水墨画里的模糊化处理来绘制背景，一棵树上的所有树叶可以用一团颜色深浅不一的绿墨代替，远处的山峦也可以是一段简单的线条。黄齐耀这一试，《小鹿斑比》的故事情节中原本没有办法表现的静谧与安逸被淋漓尽致地表现了出来，从此水墨画也成了动漫的重要画风之一。

扎实的基本功也让更多人看到了黄齐耀的作品。他在广为人知之前，不厌其烦地练习绘画，堆起来的画纸有一人多高，扎实的基本功使得他在艺术界的知名度很高。他用水墨画结合时代的先进元素，把自己的作品推向了各个阶层。这时，黄齐耀成了真正的大 V 画家。

作家：让好作品为自己说话

石悦用"当年明月"这个笔名连载《明朝那些事儿》时也没想到会有多少人对历史感兴趣，直到出版商告诉他"销量过 100 万"时，石悦才发现自己已经出名了。

石悦以史实资料为蓝本，融入当下流行词汇与思想，再加上小说式的写作手法讲述了 1344 年到 1644 年这 300 年间发生在明朝建立以及由盛至衰的过程中王权贵族、官宦的争权夺势。当初石悦所写的内容也只是在网上连载，用网络小说的方式来发布历史小说，没想到一炮而红。

石悦在作品里用幽默的语言、轻松的风格一改以往历史书籍的枯燥，让任何人都能像读小说一样读历史。虽然书内夹杂了一些作者的主观推断,但是总体把主要的历史事件作了清楚的交代,并迅速赢得了广大读者的喜爱。

其实,新兴的网络作家、传统文坛的知名作家对自己的作品宣传并不多,文学作品不同于一些能靠宣传起势的商品,作品的质量是赢得读者热爱的唯一标准。没有好的文笔、扎实的文学功底,最多也只能是昙花一现。

近几年大放异彩的网络作家圈竞争很激烈,在网络平台上每人都可以发挥想象力,可以用各种风格、各种背景讲述故事。读者在看到这些五花八门的故事时不免有些审美疲劳。这时便出现了一些以新奇角度来探索世界的作家,比如创作了《饥饿游戏》的苏珊·柯林斯。

苏珊·柯林斯,去掉了大部分作家想要尽力编造世界的部分,直截了当地把一个没有历史、没有未来的世界展现在读者面前,腾出更多的精力去修饰故事里的任务和情节。这种新奇的做法很快就赢得了读者的喜爱,加上苏珊·柯林斯出色的文笔,让《饥饿游戏》成了"世纪作品",而后根据小说改编的电影也取得了不俗的票房成绩。

财经:视角新颖,解读有价值

经济学家听起来是个很遥远的词。提到经济学一般人首先想到的是一大堆的陌生词汇、难懂的逻辑关系、与自己生活相隔甚远的专业知识。但是现在一些精英人士开始尝试着用通俗易懂的语言解释经济二字。

《货币战争》是平民经济学的一个代表作,作者宋鸿兵并没有讲什么专业术语,而是以一个个的财团故事为出发点,讲他们如何发家、如何参与各种事件,让读者了解这些过往。在一本历史书里糅进了对全球经济的解释,趣味性与专业性并存。让没有任何财经专业基础的人也能完全看懂。这是广义上的财经,而读者更关心的则是一些和生活息息相关的方面。

（1）国家政策。比如物价的波动、油价的调整等，这些看似不起眼的政策调整真实地冲击着读者的生活，所以会有极高的关注度。

（2）成功商人的成功秘诀。这似乎是生活的调味剂，神奇的是不管社会怎么变，成功人士成功的秘密永远是读者最关注的，例如马云、罗永浩、雷军这些创业先锋。这其实也显示了读者对创业的渴望。

（3）国际趣闻。也和成功秘诀一样。例如乔布斯、巴菲特等商业巨擘，这些人在国际上有很大的影响力，慢慢地变成了娱乐明星一样备受关注的人物。分享他们的趣事就像分享明星的八卦一样，对读者而言非常有吸引力。

这些角度不涉及太专业的知识，却能引起人的关注。大 V 在进行写作时一定要分析读者的喜好，选择适合的方向，分享一些对读者有益的东西，为读者创造价值。

教育：传授知识 + 建立个性化特征

俞敏洪在新东方创立之初便对传统的教学方式进行大刀阔斧的改革。俞敏洪及其教师团队意识到不管用什么方式教学，期望学生接受的东西永远不会变，而需要改变的是教师的教授方式和学生接受知识的顺序。教师把英语带到学生的生活中，不再强调学不好英语就会如何如何，而是调动学生的积极性。教师很乐于看到学生高涨的积极性，反过来也能提高教师的积极性，形成一个良好的互动机制。

这些做法使得俞敏洪成了一个授人以渔的大 V 代表。

新东方讲师授课最大的一个特色是幽默。俞敏洪一直强调讲师要不断激发起学生的兴趣，不断把激情传导给学生。新东方有很大一部分讲师有国外生活经历，在讲授语法时，他们不再是照着条条框框给每种语法下定义，而是通过与学生的口语互动；比如 either no 和 neither nor 的区别，讲师设计情景对话让学生明白什么情况用什么，从例子的角度出发回到语法定义。

教育不只是为了传授学问、应对考试，而应该是方方面面都具备。陶行知老先生一直强调教育当以学生为核心。这也正是新东方创立之初的核心思路，以学生为中心，老师为辅助的教学模式。新东方的影响力触及了社会各个阶层，商业英语、出国留学英语等各类英语培训课程，新东方几乎都有涉猎。

教育界大V不止有俞敏洪。果壳网的创始人嵇晓华（姬十三）也是一位教育界大V。曾经他和教育二字可能搭不上边，现在却成了科普教育领域的大V，做着和教书育人一样的事情。果壳网作为一个多元、开放、自由的知识交流社区，在2010年刚上线就受到了网友的追捧，同时也影响了许多的网友。

作为一个非营利性质的网站，果壳网坚持站内的每一条信息都没有不实的成分，对网友来说，果壳网最大的"亮点"就是科普。拥有专业知识的人互相之间交流启发，这也是一种互动的教育方式。而果壳网网站上的内容均采用通俗易懂的语言，即使你是某一领域的外行读者，也能在一小段的时间里通过别人的描述汲取知识，改变了以往科普给人的那种枯燥无味的感觉。

以俞敏洪、嵇晓华为代表的新一代教育大V展示了新时代的教育模式变革，并不停地进行着最大限度的知识输出、对传统教育方式的改革、对新教育方式的探索，让更多人看到自己的能力。

电商：利用直播与粉丝互动

国内电商近几年迅速发展，产生了淘宝、京东、苏宁等一批电商平台，每年的"双十一"，都是一场购物狂欢节。

2016年，"双十一"摇身一变成了一个全民参与的社会性活动，电商促销性质渐渐变成了娱乐性质。淘宝把美国《超级碗》（即美国国家橄榄球大联盟总决赛）的导演请了过来，也请来了国内外的一大批文体娱乐界明星，包括"007"的扮演者丹尼尔·克雷格、贝克汉姆夫妇，同时开通了海外直播平台，为晚会增加了国际色彩。淘宝"双十一"晚会的热度辐射到了全球。晚会总播放量达到4000万，同时观看人数峰值达到420万。从直播开始到结束，很少有观众给"差评"，但晚会的内核是不会变的，简单地说就是促销。

从晚会一开始，以"明星红黑队大PK""1元购"等环节和观众们互动，晚会不再是简单的视觉享受，通过手机参与晚会的活动，点击量每秒过千万！淘宝被推到了所有媒体的头条，而淘宝的忠实用户也乐于见到这种集娱乐与购物于一体的模式。和现场的观众互动，和网上的观众互动，商家不断抛出优惠，不断让利。

如果你是一名电商界的大V，此时借助"双十一"的氛围，也可以为自己的产品代言，也可以与粉丝进行互动。微小型的电商平台都在这样做，一些小型的网售活动也想尽办法和消费者互动，最为普遍的例子是当下十分火热的直播平台，游戏播主、户外播主等都看到自己拥有的观众资源，各种主播淘宝店开始兴起，卖零食、卖电脑外设、卖特产，无所不能。这些方式不仅会增加销量，同时各大播主在直播时的各种抽奖互动，还能加大自己小店的知名度，增加观众的购买欲望。

时尚：懂时尚，自己还要时尚

时尚不一定是要在T台上光彩夺目，也不一定要天价名牌傍身。时尚也可以是普通衣服的搭配，也可以是换一个颜色的背包。

美国的时尚博主Wendy Nguyen，身高只有1.52米，没有特别靓丽的脸庞，却在Instagram（美国的一个社交媒体）上拥有50多万的粉丝，她是如何做到的呢？

Wendy儿时随父母从越南移民到美国，结果被弃养，先后被好几个家庭领养，也曾经饿到翻垃圾桶找食物。她为了找到住的地方和存钱去读大学，在高中时期打三份工，一直到成功进入加州大学伯克利分校攻读心理学，日子才开始好过点。毕业后，Wendy一直是各种青少年辅导中心的志愿者，给来自破碎家庭的孩子提供心理辅导。

在美国一家银行做了一段时间的业务经理后，Wendy 决定辞职并跟男友一起做时尚网站：Wendy's Lookbook，分享自己的日常穿搭。她最先是通过在 Youtube 上发视频开始积攒人气，视频内容主要是各种时尚穿搭教程，很实用。Wendy 很擅长利用高腰来改变自己的身材比例，这样即使个子不高，穿成三七分的比例后，在视觉上也会立刻变高很多。

Wendy 对时尚的敏感、对普通衣服的看法以及她身上散发出的自信心是她能赢得众人喜爱的关键。对 Wendy 来说，身高和外貌是不可以改变的，但是可以改变对时尚的看法。黄金比例告诉我们，任何事物都可以找到最完美的分割点，找到自己的风格，找到合适的色彩，不要让自己被五花八门的衣物包围。

2. 角色定位

大 V 以什么样的身份示人，需要留给粉丝什么样的印象，这些都需要角色定位。这不仅关乎能推广到的人群，还关乎营销的方式。

换一个新角度，打破常规

换个角度看问题，许多事都会让人不可思议。

美国宇航员对苏联宇航员说："我们在太空中用的墨水笔是专门研发的，但有时不太好用，你们的笔是怎么解决这个问题的？"

苏联宇航员说："我们用铅笔。"太空中肯定要用到笔，但为什么一定是墨水笔呢？

上面只是一个笑话，但很启发人。撒贝宁主持的《开讲啦》也诠释了换个角度带来的好处。换个角度看问题是我们经常提及的一句话，多个角度意味着多条路，多了一种了解人的方式。在此之前，访问名人的节目有很多，但不管怎么换节目，问到名人的永远是一些广为人知的问题，谈到名人的经历但不会进一步发掘经历背后的意义，而且整场节目只是由主持人发问，缺少和观众的互动。

《开讲啦》的大胆提问方式打破了以前各种访谈类节目给人的刻板印象。传统的访谈类节目中名人们多给人高高在上的感觉，但是《开讲啦》把名人请来现场和大家坐在一起慢慢聊自己的经历，聊自己的感想，不再被节目的需要左右。主持人撒贝宁说："这就是思想的碰撞、智慧的碰撞、心灵的碰撞。"

和现场观众的互动拉近了名人和观众的距离，在场的观众可以说出自己的想法和问题。在龚琳娜为主讲嘉宾时，出现了下面的一个场景。

一位大学生说出了心里多年的困惑。上高中时他爱上了一名女孩，却难以言表，几年后女孩发来短信告诉他自己也喜欢他，问他是否愿意交往，而他选择回绝。

这位大学生一直对这件事难以释怀。龚琳娜开始分享自己的经历鼓励他。这种名人和观众的交流在以前的节目中是绝对不会存在的。

幽默轻松的风格也让很多人爱上了这档节目，名人和在场的大学生在节目里互相调侃，简直是不亦乐乎，名人也不再是只存在于电视里的人物，而是像是邻家的大哥哥、大姐姐一样分享自己的感想。

这样新颖的方式使得《开讲啦》的收视率一路高升，对名人不同侧面的了解也让观众看到了一个更全面的形象。

微博上的许多大V对财经新闻、社会新闻独特见解的本质就是换一个角度看问题，解读新闻时不再拘泥于思维定势。如果没有好的效果，可以换个方向，相信相较于以往的方式一定会获得更好的效果。

虚构卡通、可爱、萌萌哒角色

生活中的我们由于压力过大对一些让人开心，或是放松的"萌文化"很有好感。而"萌文化"的发展也延伸到了各个行业，以美少女、小帅哥为题材的动漫渐渐充斥了市场，走可爱路线的明星越来越受欢迎。

"萌文化"缓解了生活的压力。随着这种文化的流行，明星也开始扮演起"萌文化"的支撑者。大眼睛、表情包、二次元等元素慢慢地融合进了时尚界，这种文化已经被大家接受而且很多人也开始热衷于这种文化。而大 V 采取这种方式也是迅速吸粉的好方法。

以萌为代表的微博大 V 在微博上会不定时地推送一些自己卖萌的照片和视频，这些微博往往能得到许多人的关注。还有明星玩起了 Cosplay（角色扮演），景甜穿着美少女战士的服装吸引了一大批的粉丝，成龙反串动漫人物的形象也让大批粉丝津津乐道。所以，大 V 在展示自己或是打磨笔下的人物时也可以选择塑造一个可爱的角色。

当然，此时我们提倡的"萌"，也是清新淡雅的"萌"，而非低俗恶搞的"萌"。"萌萌哒"也需要与社会正能量相符合。如果违背了这一原则，则会给青少年一种不好的导向，危害也是十分巨大的。

所以，大 V 在模仿卡通、可爱、"萌萌哒"的角色时，一定要坚持适度的原则。

3. 功能定位

成为大 V 不仅仅是一种爱好，同时也是需要付出很多精力的工作。所以你要有一个明确的目的，给自己进行功能定位，想明白自己到底要干什么。

塑造个人品牌

个人品牌的树立对大 V 来说有一个得天独厚的条件，大 V 利用自己的粉丝群体大量宣传。反过来，品牌的树立也能使"草根"变成大 V。

聚美优品帮助陈欧开启了自己的黄金时代后，他发现了自己与品牌之间的互利关系：自己可以借着聚美优品创始人的身份让更多人成为自己的粉丝，而自己成为大 V 之后又可以进一步宣传聚美优品。

陈欧开始将想法付诸行动。开始全方位地打造自己的形象——"80后"创业者、年轻富豪、商界精英，集众多标签于一身。后来陈欧开始自己拍广告，自己负责出镜，广告词也由自己的团队负责撰写。陈欧的粉丝数量疯涨，他一举成为许多青年心中的偶像，而聚美优品也随着陈欧的名气大涨而跻身一线电商的行列。

许多商家也看到了陈欧身上的偶像价值，纷纷邀请陈欧出镜，直至某电影剧组邀请陈欧担任电影里的一个角色，陈欧的名字也广为人知，他自己也变成了一个"优秀品牌"。在树立了自己的形象之后，其号召力就会上升到社会层面。

俞敏洪的新东方在教育界可谓独树一帜，这一品牌的扬名离不开俞敏洪对自身的宣传和自身品牌的树立。刚开始创业时，俞敏洪也只是一个普通教师，但是他通过不断的演讲来获得别人对他的认可，演讲时的自信与激情使人感受到他对待英语的热情，让人认识到任何人都可以学好英语。

在有了一定的名气后，俞敏洪开始创业，同时不断改进英语教学方式，不断地激发出学生内心的动力，提高学生的斗志，鼓励学生拿起英语书。点点滴滴的积攒，使新东方获得了学生的认可，俞敏洪也成了众多学子心中的"男神"，良好的形象也促进了新东方的不断向前发展。

俞敏洪对个人品牌的树立也影响了许多创业人士，他们意识到不管自己创立的品牌有多好，最能让人直接了解的还是"自身"这个品牌，于是纷纷开始塑造自己的形象。毕竟很多人在看到大V的良好形象之后才会去相信他的品牌。

对于想要成为大V的人而言，树立自身品牌就像是你在街坊邻居中获得口碑一样，一定要时时刻刻保持自信心，以及待人待事的积极态度，让越来越多的人认可你。对你留下良好的印象后，你处理事情会更加顺手。好比一个商铺，不卖假货、认真服务每一个消费者，口碑自然远扬，带来的直接效益也会越来越高。树立良好的个人品牌，是自己创立品牌、赢得肯定、成为大V的最大优势。

展示公司品牌形象

陈欧创立了"聚美优品",而后者也把他推向了大V的行列,成了有娱乐明星潜质的大V。陈欧把聚美优品这个品牌成功在电商圈里打响后,不只是吸引了消费者,还建立起了明星化的品牌形象。

刚开始,陈欧把"团购"这一思路移植到了化妆品的销售上,团购的最大优势就是价格,而这也正是化妆品难以批量销售的绊脚石。在解决了价格问题后,陈欧明白聚美优品不可能打着团购的旗号宣传,而是应该直截了当地打出价格这张牌。聚美优品上线之后,受到了大众的追捧,相较于其他售卖渠道,亲民的价格优势打响了品牌的名声。

接下来聚美优品开始了第二步攻势,与明星合作,但不是简单的代言。传统的品牌想要树立形象而与明星合作时,都会通过电视渠道播放广告,赚取识别度。但是陈欧看到了新媒体的巨大优势,首先利用以微博为主的大量用户资源,其次是在以优酷、土豆为首的视频网站插入广告,这类广告可以制作得简单明了。

利用大V微博转发,或者是大V在接受采访时推荐,把聚美优品塑造成了一个价格低廉、品质良好、没有水货的全民品牌。作为一个现象级的电商品牌,聚美优品开启了自己的黄金时代。

但品牌树立只有这些宣传是不够的,还要有实质,得到社会各界的认可才是王道。马云倡导的"公益三小时",号召每一个阿里员工每年做三个小时的公益活动,让员工更多地服务于社会,不仅让社会看到了一家充满爱心的企业,企业自身也为社会作出了贡献。

可以说马云与陈欧塑造了两个品牌,一个是电商品牌,一个是自己本身。相较于树立电商品牌,陈欧把树立自己本身的品牌做到了极致,他个人的形象得到了极大的认可与充分的利用。这一策略也被诸多明星使用,明星们都是先树立好自己的屏幕形象之后再利用自己的粉丝优势扩大品牌的知名度，树立公司的品牌形象，做到名利双收。

综上，品牌形象的树立是需要企业的艰辛努力、扎实的产品质量、个人的优良素质以及良好的公益心来作为支撑的。如果只是为了品牌而进行自我宣传和产品宣传，不从质上把控，那么最终，即使你的"咖位"再高，也不会有网友买账。

建立粉丝圈

刘德华对粉丝的爱护是娱乐圈里的美谈，为患病粉丝捐钱，帮助粉丝买票等举动让粉丝倍感温暖，从而让原有的粉丝对身边人宣传，进一步吸引了更多的粉丝。

当大V收获越来越多的粉丝时，也代表着被越来越多的人关注。后者会关注大V个人生活的方方面面、一举一动，所以大V必须坚持和粉丝分享自己的经历，分享干货，向粉丝传递正确的价值观，传播正能量。保持自己对生活的信心，让粉丝也有好心情面对生活。

在微博或是其他平台上发表自己的动态的同时可以推送好的文章，这是最有效的交流手段，让粉丝看到一个全面的大V。许多明星特有的气质，不管是幽默、谦和还是机敏，都可以通过推送的文章体现出来。让众多粉丝进一步通过文章来发掘大V的品质。

在积攒了大量粉丝后，随着知名度的提高，大V对待粉丝的态度不能有所改变：如果变成了冷冰冰的态度，对待粉丝用高姿态势必会使粉丝大量流失，不能让粉丝"心寒"；同时也要保持和粉丝的互动，每个明星和粉丝之间的相互了解都是通过不断交流获得的。交流的过程就是在自我推广，就是在显示自己的魅力。在与粉丝多加互动之后，粉丝会更加确认自己对偶像的喜爱。多加互动、热情相待，这一过程应一直伴随着大V。

线上和粉丝互动也只是增加了粉丝了解你的机会，但就像隔了一层纱，在粉丝心里永远差一点才能拼凑起完整的形象。这时就要加大线下互动。面对面交流是最有效的了解方式，多与粉丝进行面对面交流，多露面，能在很大程度上促进粉丝的拥护。

每个大 V 的成功都不是单打独斗的结果，网络的关联性使得你想成为大 V 就必须依靠他人，首当其冲的便是粉丝团体。大 V 对粉丝的态度以及自身的魅力、能力，不是一个人就可以宣传好的，要利用粉丝一传十、十传百的优势扩大知名度。另外，找到与名人合作的机会或是和你一样知名度的人，每个大 V 身后都有自己的人脉网，通过名人的二次宣传以及名人粉丝的宣传，叠加效果非常明显。

在建立起稳定的粉丝圈后，一边巩固，一边要建立核心粉丝圈。粉丝有权利选择追随哪个大 V，所以要在粉丝圈里找到核心粉丝，即使有人数流失，核心粉丝也会帮助你宣传，继续扩大粉丝圈。所以大 V 们，请保护好自己的粉丝，与粉丝建立长期互帮互信的关系。

以盈利为目的

网络大 V 的收入模式离不开广告代言。博主在和商家合作后开始在自己的主页里植入广告，而植入广告的方式关系着能否起到最大的效果。植入广告的不同方式、不同角度对应着不同的消费人群。

罗振宇主持的视频节目的《罗辑思维》，一般在开头就会点明这期视频要说的内容，把主干和精彩内容告知观众，渐渐引起观众的兴趣，在结尾时顺势拿出和本期内容相关的书籍。这种模式没有传统广告给人的那种步步紧逼的推销感，也没有流露出"你一定要买"的压迫感，而是让观众自发地去搜索书籍信息，在兴趣的驱使下购买。这种方式也是一些美食、时尚等大 V 的常用方式，即，与粉丝拉近距离，增加粉丝的兴趣，用兴趣做宣传。

这种视频广告的植入方式相较于传统的方式更能激发起人的尝试欲望，而且最大的优点在于既能保证粉丝数量的增长，同时还能巩固粉丝的信任。

广告的另一大载体是文章，而文章中的广告植入对各个大V来说是一个不小的挑战。相较于视频，文章对语言的要求更高，更加需要大V精致的导入手法。

微博大V在文章中导入广告时一定不要直截了当地说明，而且在导入前要再三斟酌。大V建立的与粉丝的良好关系可能会因一篇刻意推销商品的软文而瓦解。六神磊磊在文章中植入广告前会慎重考虑广告语和前后文的关联。从前文开始做一些铺垫，顺势引出广告。但是文章主题的质量不能因为广告而下滑。

如果大V的目的是盈利，那就不可能离开广告，做好广告的植入才能保证收入不会下滑。

4. 读者群定位

世上书有千万种，每种都有属于这个圈子的读者。大V的写作内容要给谁看也是重要的问题。对自己定位完成后，马上要开始对读者群的定位。

基本属性：年龄、性别、工作、收入

年龄不同，想法不同。"00后"的人群关注养生方面内容的不多，他们倾向更多地关注成长、娱乐方面的内容。而对年过半百的人来说，看看养生方面的内容是个必修课。所以，要针对不同的年龄段撰写不同的文章，才能赢得更多读者的喜爱，如图3-1所示。

性别不同，角度也不同。女性偏感性思维，男性偏理性思维，在对待同一个故事时会有不同的反应。这就要求大V在写作时要考虑到自己阅读群体的性别比例，男性更愿意看到一些可以理财分析的内容，而女性偏向于描写情感类的作品。

工作不同，意见不同。一个政策的变动可能对某些行业是不利的；与此相反，某些行业却会迎来春天。所以在推送时下新闻的评论时一定要全面考虑，不可断然下定论。

收入不同，理解不同。对高压力群体来说，他们更乐于去看一些能放松心情、释放压力的短篇文字。而工作压力不太大的读者会更喜欢读八卦轶事、小说。

图 3-1 属性决定读者

这四个属性相互组合又会划分出不同的人群，在获取读者粉丝时要先明确主要的受众群体是哪一种，或是有几种群体可以接受同一种文章。大 V 把握好文章的角度和分析的力度，让读者明白大 V 的思维与他们一致，渐渐培养起粉丝的信任感。

在推送文章前要注意文章的分寸，不同群体都有不同的底线和价值观，文章的主题思想一定要对受众群体产生积极的影响。

特定属性：兴趣、爱好、行为习惯

人有时可以根据兴趣、爱好划分。人们感兴趣的事物不一样，自然关注点也不一样。

有相同兴趣的人总会有某一种相同的特征，这种性格促使着每个人自己身上或多或少具有某种性格。具体到内容上，我们可以从以下几方面进行表述。

首先是文章的开放程度。比如在写历史文章时，有些读者喜欢看文笔轻松、充满段子的文章，有些读者则喜欢稍微严肃一点的；写小说、故事时，煽情的故事被一部分读者喜欢，有的则更喜欢故事情节出人意料。大 V 须根据平台上每个群体的阅读偏好，选择性投放。

其次是感兴趣的方向。每个群体感兴趣的内容不一样，所以文章投放时一定要选择好。

最后是倾向性。因为不同读者对同一篇文章会产生不同的解读，比如一则寓言故事，在理解时有人喜欢具体化到个人，有人只会从宏观角度看。

大V希望自己的文章达到哪种效果，就要确定好哪种人群适合阅读自己的文章。选择合适的人群进行文章的推送，最大限度地发挥文章的作用。

第 4 章
内容设计：挖掘粉丝痛点，产生情感共鸣

光有定位是不够的，具体到内容上需要引起读者的共鸣，牵动读者的情感。这就需要把内容设计好，让读者与你产生共鸣。

1. 挖掘目标人群内心真正诉求

不管是大 V 还是粉丝，都会有自己的问题。但是人一般不会透露自己的心声。这就需要深挖问题，用最有效的方法增加沟通。

提出好问题，困难解决一大半

已辞世的英特尔前 CEO 格鲁夫，在面临企业的某次重大战略转折时，虽然进行了多次调整但还是不能解决公司低迷的状况，而周围的人也不敢直截了当地提意见。这时格鲁夫问自己的搭档："假如现在 CEO 不是我，把这个当成前提。这个 CEO 要卸任了，你觉得新上任的 CEO 第一件事会做什么？"他的搭档回答："放弃存储器业务。"

一语惊醒梦中人。格鲁夫马上将此建议实施，成功挽救了英特尔。格鲁夫并没有直截了当地问应该做什么，而是换了个问法与人交流，收到了听取意见的效果。所以提出一个好的问题，往往能更好地解决事情。

在提出一个好问题前，必须先理解对方在说什么。大V和粉丝交流的时间不会太长，所以在有限的时间内理解对方想要表达什么，然后再提问很重要。粉丝让大V接收到的信息就是大V要处理的问题。但是很多人在听完别人的阐述后并没有提问的欲望或者不知道该问什么。这就要从阐述的内容出发去寻找问题。

把粉丝的话语当成是一整条信息，然后从自己的角度出发把语句分析清楚。比如有人说"我的猫丢了"，这句话很笼统，粉丝想要表达的是什么？又想让大V帮些什么忙？这位粉丝的猫丢了，那他可能是想通过大V的力量找回走失的猫，但是他没有说明猫的特征、丢失地点、丢失方式。大V该如何回答呢？如图4-1所示。

图4-1 如何有效解决问题

大V首先应该安慰粉丝，在网上交流时不一定能揣摩到粉丝的心情，但是一句关心的话谁也不会拒绝，可以说"不要着急，我可以帮你"。之后便要高效率地获取粉丝的信息。如果这时让粉丝掌握发言的主动权，大V获取准确信息的时间会增加，所以此时，大V应主动发问，可以问："你的猫具体是什么样子？在哪儿、什么时间走失的？"这样既避免了交流会产生的歧义，也直接回应了粉丝的需求。

有些粉丝可能不会在第一时间说出自己的问题，而是选择避开使自己烦恼的话题。这时不能去直接触碰粉丝不愿提及的话题，而是要慢慢诱导粉丝说出心里话。这种时候往往是人最需要信任的时候，一定要在取得粉丝的极大信任之后再问粉丝的问题是什么。

任何人在交流时都有可能出现词不达意的情况。大V在对待自己粉丝的问题时要理性思考，考虑粉丝的需求在哪里，而不是去做出和问题无关的回答或是行动。好问题的提出简化了交流过程,消除了可能会产生的歧义,问对了问题才能马上去寻求解决的办法,这样才会事半功倍。

多做调研,找出自己的漏洞

人无完人,大 V 也一样。在面对很多粉丝提问时未免力不从心,或者是由于精力不足,或者是由于对某方面的不甚了解而给予不了十分准确的回复。这是人之常情。所以在回答之前应该多做功课,多找之前有所遗漏的地方。

哈佛大学的教授道格拉斯·迈尔顿(Douglas A. Melton)在国际著名科学杂志《细胞》上发表了一篇论文。这是一篇重量级论文,而迈尔顿也是知名的科学人物,但是在不久后他就发现了自己的结论有问题,便在第一时间发表声明说自己的论文有误。这一举动在国际上受到了广泛赞誉,如图 4-2 所示。

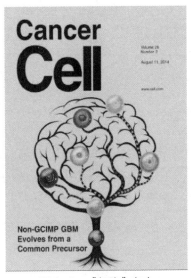

图 4-2 《细胞》杂志

迈尔顿并没有停下脚步,而是再次回到了实验室找到自己出现偏差的地方,然后再次发表论文指证自己出现偏差的结论。验证的过程很复杂,但是整件事一直为人们津津乐道。

大V们发现出了问题后,一定要仔细研究。一方面,粉丝的信任建立在大V精益求精的态度上,对问题的认真态度就是对粉丝负责。即使是出了偏差,马上承认也不会失去粉丝的信任;相反,粉丝会更加支持大V的求实态度。

另一方面,粉丝作为旁观者可能会发现大V不曾注意的自身问题。一些细心的粉丝在欣赏自己的偶像时,也会接受偶像在道德标准范围之内的缺点。大V多和粉丝交流沟通,让粉丝找出自己的不足之处,加以改善。粉丝乐于看见自己的偶像做出改变,这会使他们眼里的大V形象得到进一步的具体化,普通粉丝慢慢地就会变成核心粉丝。

多做互动,让对方说出心里话

互动的本质就是交流,交流也是增进感情最有效的方式之一。大V与粉丝之间的关系必须通过交流来不断巩固。通过交流加深理解,让粉丝没有身份困扰,自发地说出他们的心里话,说出在生活和工作中遇到的问题。沟通的目的在于取得互相的信任和理解,粉丝愿意说出心里话,也是粉丝对大V的一种信任。

粉丝只是对一个群体的概括,而我们不知道这些粉丝都来自哪些阶层。大V可能会接触到不同阶层、不同追求、不同生活方式的粉丝。而这些粉丝的目的也不尽相同。大V靠慢慢积累起来的经验能初步辨别粉丝的诉求。辨别的焦点要集中在粉丝的愿望上,有些粉丝可能只是想要个签名照,有些粉丝可能想和大V深入交流。大V应对不同的诉求采取不同的方式,节省时间成本,直截了当地弄明白粉丝想的是什么。

在沟通的过程中,许多小的细节以及无法一次性说明的东西,需要大V自己设身处地去感受,通过比喻及情景设定来引出自己想要表达的内容,会让粉丝清楚地知道你想表达的东西,也让沟通过程更加顺畅。如图4-3所示。

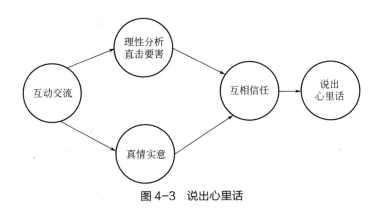

图4-3 说出心里话

大V一定要有在众人面前举起话筒就能侃侃而谈的经验，也一定要有对不同粉丝说不同话的经验。眼神、肢体语言的使用会大大加强大V的亲和力和可信程度。熟悉自己在每个场合应该说的话，配合除声音以外的其他表达方式，达到最好的沟通效果。

能引起人共鸣、让人认同的经验之说能让人产生信任。不管是和单个粉丝交流还是在多人面前演说，所有的共鸣、认同都体现出了双方在生活中持有的那部分相同的价值观和生活经验。在初步听了粉丝的感想后，赞成粉丝的想法，营造一种相同的体验和感受，与粉丝产生共鸣，能非常有效地与粉丝建立信任关系，让粉丝说出自己想要表达的东西。

最后要真诚地表达自己的感动，真情实意永远都是最有效的沟通方式。把粉丝的问题当作自己的问题，设身处地地去感受，发现粉丝所提问题中没有被观察到的细节。在言谈举止中不是流于表面的印象，而是发自内心的信任。让粉丝说出自己的心里话，结合自己的经验，真诚地给粉丝提供建议。

2. 用笔杆子打天下才是硬道理

想证明自己的实力，不需要通过大嗓门；想证明自己有智慧，可以选择用笔杆子。

一语切中粉丝痛点

有人喜欢犀利的话语，有人则不喜欢。但不可否认的是，一针见血的话语最能体现一个人的文字水平，最能直截了当地说明意思。

一般情况下，粉丝不想直接表达自己的根本问题所在，而是把它藏匿在表象之中。这时就需要大 V 抽丝剥茧地找到问题的核心。比如有些粉丝抱怨没有动力工作，有一大部分原因来自除工作以外的事情，这时大 V 可以和粉丝聊一聊除工作以外的生活，了解粉丝究竟遇到了什么不顺心的事情，干扰了工作的正常进行。

当然，为了节省不必要的试探时间，在确定粉丝的根本问题后应直截了当地告诉粉丝其根本问题在哪儿。这种直接的方式虽然有一定的风险，但是能让粉丝明白你能够理解他，让粉丝给予你更大的信任。

大家如果看过金星的访谈节目，应该都能注意到她所采用的节段式的讲话方式。什么叫节段式？首先引出一个问题，在做了了解后一针见血地指出问题的关键点在哪里。这个问题既得到了彻底的解决，也节省了时间。

跟上时代热点，让更多粉丝注意到你

跟上时代热点的不同做法决定了你要发展的方向。广而告之，思而论之。

（1）广而告之

时代热点包含了很多方面，时政、社会新闻等。跟上时代热点不仅能够表达你对各种事情的理解，也能拉近与粉丝的距离，使你不再只是一个遥不可及的网络符号。

姚晨在微博上拥有 8000 万粉丝，在这个微博粉丝达到 100 万都值得暗自高兴的年代，姚晨变成了真正的"大神"。固然，姚晨的微博是个现象级的存在，但透过她微博上的内容就可以看见一个大 V 传播出的信息起到了多么关键的作用。

翻开姚晨的微博我们发现，除去一些常规的明星动态外，有很大一部分内容都是社会时事，比如汶川地震、玉树地震，在第一时间呼吁大家献出爱心，老艺术家们的作品推荐以及国家的一些时政热点新闻。这些内容涵盖了多个方面，在微博上的表现方式也不一样。内容的全面性使姚晨与粉丝的关系不同于传统的明星与粉丝之间的关系。

粉丝群体涵盖了社会各个阶层，对社会时事的看法也五花八门，对信息接受的角度也不尽相同。对于有着较高知识水平的粉丝群体，姚晨微博上的一些艺术作品推荐有很大的吸引力，有很多粉丝在闲暇之余想尝试一下新的艺术作品，包括电影、书籍、话剧之类，但是面对数量相当多的作品不知如何下手。姚晨微博上推荐的时下热门作品正符合这些人的想法。姚晨挑选出时下热议的作品、出名的作品，让更多人看到好的作品，这一行动收获了许多的粉丝。

对大部分没有多少闲暇时间的粉丝而言，她的微博关注社会热点话题，不管是感人事件、有趣事件、突发事件，姚晨都在第一时间分享在微博上。久而久之一大部分人开始从姚晨的微博获取第一手信息，她的微博成了许多人观察外面世界的窗口。这些信息的受众范围非常广，每个人都可以被社会时事引发关注，跟上网络时代的步伐。姚晨的微博团队在另一点上做得非常好——尽量不要添加太多评论。

时事新闻掺杂了许多不确定元素在里面，在评论之前必须清晰了解这件事情的起因、经过、结果。但除了当事人之外，外人怕是难以全面了解，所以妄加评论是对自己的不负责。在上升到大V这个层次时，自己随感而发的评论会被无限放大，也有可能被人曲解，造成不必要的负面影响。

姚晨微博上还有一个和时代紧密相连的方面：热心公益事业。2013年姚晨被联合国难民署聘为亲善大使，在多国开展活动，探望难民，宣传公益活动。许多有爱心的粉丝想要参与公益活动却苦于无法接触到正规的公益单位，姚晨提供了一个可以全民参与的平台，在微博上公布正规的公益活动和参与方式，鼓励粉丝参与。

通过对时事的第一时间把握和分享，不难看出姚晨的微博平台上聚集了各个阶层的粉丝，对时代热点的把握也让姚晨贴近了社会生活，形成了与粉丝间的良好互动。

（2）思而论之

时代热点的分类中，另一个大的部分就是时政和新兴事物。这两类有一个相同的特点：相关的讨论没有一个明确的答案，甚至也没有严格的对错之分。新的名词、新的科技，甚至是新的个人用品都可以吸引来大量的粉丝。

相比于娱乐圈里的名人，其他工作性质的大V的"吸粉"能力不如明星那般具有先天优势，但是也有许多能够"霸道"圈粉的大V。雷军的新奇想法上文已有提及，但是雷军身上的光芒还不止于此。这个时代的电子产品更新速度极快，新一代的科技随时都有可能出现。雷军为广大网民充当了"侦察兵"，把时下热门的科技产品引入公众视野，让大家来评说这些产品的市场前景。崔永元对新科技的关注也让自己吸引了大量的粉丝，把转基因这种存在不确定性的新事物带到大家面前。广大网民讨论这些东西时，既是一种高效率的交流，也能与大V之间形成良好的关系。

时政的范围包含了全球的政治动态，而这一部分必须局限在就事论事的范围内。时政的背后是错综复杂的国际关系，这一点和社会事件的性质一样。大V在传递时政信息时把关键的表面事件说明白即可，深入的讨论可以引申到历史，当一个说书人，切记不可过多深入讨论。

多讲故事，让粉丝有共鸣

把该讲的长故事和短故事分开。

（1）长故事

直白的描绘可能由于缺乏情景和细节而无法达到正确的传达效果。但是一个小故事往往能够解决上述问题。

微信公众号"真实故事计划"由记者雷磊创立。该公众号每天分享一个由社会各界人士写的故事，由真实事件改编；公众号上线仅一个月每天的阅读量都在3万以上，直至现在订阅量还在疯涨。

但是讲好一个故事需要许多的技巧。讲故事首先要把话说明白，所叙述的故事要有头有尾，交代清楚故事的来龙去脉、主干情节。开始编故事时，可以先从现实生活中取材，生活中的故事是说不完的，每个生活中的小插曲都可以编成一个故事。在把素材编成故事时，需要做好改编的大纲，哪些部分应该留下，哪些部分应该改造。

从"真实故事计划"中的文章可以看出，在改编素材时应注意以下几点。

① 主干不变。把取来的材料从头到尾考虑一遍，哪个情节是你事先没有预料到的，突发的情节更能体现故事性，保留这部分情节框架，这是一个故事的核心。一些不必要的情节可以舍弃，或者增加几个虚构的情节，但不要打乱主干情节的发展。

② 弱化现实因素。既然取材于生活就难免或多或少带有一些市井的元素，这些小细节可以做艺术化处理。比如故事发生在一个小店里，可以把小店的名字改成和故事相关的名字；故事主人公的名字也可以修改，增加可读性。

③ 设置悬念。读者读故事最大的兴趣来自悬念，比如"李××，最终还是把工资扔掉了"。这种有违常理的开头会让读者有读下去的欲望。

④ 是否掺杂了个人因素。这一方面可以因人而异，大V写故事可以不掺杂个人因素，而只是把身边发生的事讲述出来。有很多有相同经历的读者会产生共鸣，读者会继续翻看其他的故事，粉丝也随着读者的增加而增加。让读者自己去思考发生的事，大V需要做的就是把读者吸引进故事里。

掺杂个人因素，需要大V把素材进一步弱化。弱化这个故事的高潮和结尾，在写作的过程中把个人的看法写进去，表达对事件的看法。或者是虚构一个故事，以自己想要表达的意见为起点，构造一个故事。这种做法可以让大V随意编故事，也让读者能够见识到大V的想象力，看得越多，粉丝越多。如图4-4所示。

图4-4 改编素材要点

（2）短故事

其实和完整故事相对应的是段子，而有些段子也成了"吸粉"的强大手段。

薛之谦因为"段子手"这一附加身份而爆红也不是偶然。网友在看了大量的故事后难免有些视觉疲劳，而一个不足50字的小笑话或是一段经历，再加上意外的结局、幽默的讲述方式，让网友看起来很轻松，再配合网上流传的"表情包"，很受网友欢迎。

段子和一个完整的故事一样，可以是改编于真实故事，也可以是构造出的一个故事。相较于故事，段子更能达到出其不意的效果，让网友收获意外之喜。

拿一个例子来说："上晚自习，一同学在最后一排睡觉。突然间他醒了，揉着惺忪的睡眼，起身然后把灯关了，接着睡觉。教室的人都看傻了。"这个段子让人眼前一亮，其核心在于上晚自习、睡觉这些我们每天都有可能接触到的元素。但是作者跳出了每天都在发生的重复情节，制造了一个意料之外的结局，让人联想到段子中描述的场景时会心一笑。

想当段子手的第一步，先想明白你要写哪类段子，有腹黑调侃类段子手，有抖机灵"小清新"段子手。腹黑调侃段子手可以调侃自己，也可以调侃别人；找出无伤大雅的调侃点，自己连词成句，加上自身经历，段子就不会枯竭。"小清新"段子手，刚开始要多看别人写的段子，记下当下的网络流行语，再找到、记录各种"梗"，包括社会名流发生了什么轶事，有什么小概率事件；亦步亦趋，熟悉之后把所有元素杂糅在一起，博人一乐。

想成为大V，少不了写点段子调侃自己，于自己、于粉丝都是一件轻松的事情。在自己遇到一些无奈的事情或是有什么失误时，一个小段子就能化解尴尬。多写故事让粉丝看到自己也看到你的经历，和你产生共鸣，拥有相同经历的人更能互相理解，你的粉丝数量也会不断增长。

懂新闻"语言"的规律

在社交平台上发文时，不管是故事还是新闻都要用标准的格式来编辑，而且还要用新颖的方式来写作。让读者看起来一目了然，这样才能最大限度地让读者理解自己的意思。

新闻表达的第一个特点是要具体。新闻用文字说话，而事件是具体的，事件本身的时间、地点、人物这些因素要求新闻语言要具体，少用不太容易理解的抽象概念。比如世界的某处发生了集会游行，新闻应该用鲜明、生动、准确的修饰词，在写这篇新闻时直截了当地交代地点、时间，多余的修饰词无法让人快速切入情景。而正文部分的用词以平实朴素为宜，加之新闻要求真实，白描的手法更能真正吸引读者，产生强烈的感染力。

网上的新闻五花八门，新闻网站上充斥着大量的新闻，能在第一时间吸引读者，在第一时间让人点击链接，就成功地做好了第一步。接下来就需要用过硬的文案来留住读者，获取大量的粉丝。

但是大V写新闻不能完全照着一板一眼的新闻来写作。标题是整篇文章的门面，标题的设置很关键；好的标题能在第一时间吸引人的眼球，让人产生阅读的兴趣。如今的标题不再是简单地直接叙述一个新闻梗概，而是提炼出最精彩的部分，再加上各种小技巧打造出一个标题，发挥标题与内容的双重作用。

回到新闻语言的本质。大V所推送的新闻必然是涵盖了社会各个阶层，新鲜事、严肃事都要涉及，甚至有些自己的经历都能写成通讯稿的形式。这里罗列以下几个简单直接的写作要点，如图4-5所示。

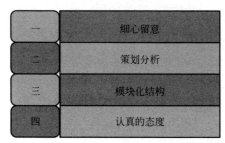

图4-5　新闻类文章写作要点

（1）留心点滴世界（从长远看，往深处看）。这一点就和讲故事一样，围绕我们身边的事情，初看起来多多少少都缺乏新意，了无乐趣，但是把周围的事情都联系起来就能发生奇妙的"化学"反应。

如果想要自己的文章能够使读者产生身临其境的感觉，甚至成为流传一时的佳文，那么就必须留心点滴世界，发现身边事情的联系，找出闪光点，让平淡的事物变得不平淡。只有做到这一点，你的文章才能以质取胜。

（2）策划的重要性。事先加入一些能产生新意的点进去，而不是在后期努力营造气氛。一个简单的例子：大学或是公司都会请知名人士去做讲座，但是想要预约的知名人士可能同时接了好几处讲座邀请，为了给自己的学校、公司营造气氛，就不能简单报道。

第一点，可以反其道而行之，不一定要在自己的公司或学校内部宣传，把宣传做出去，先让更多的人知道这个讲座。第二点，用头衔换知名度，授予知名人士某些头衔，让他与自己的公司、学校有了联系，这样就给读者以双方往来很密切的感觉。在做足前期工作后，待讲座完毕就把文稿发送出去，让人不仅知道发生了什么，还认识了参与的双方，达到以文稿传递信息的效果。

（3）结构上模块化。新闻文稿也好，网络文章也好，前者不能过于娱乐化，后者不能太过刻板。在写作时应能考虑到，不要让读者在阅读时有疲惫感。

新闻文稿在结构上应注重排版技巧，避免白话式的平铺直叙，也不要一言到底，没有节奏。在保留事件的必要元素的基础上调整结构，采用模块化排版，可以递进式、并列式、递进式加并列式，每个模块加上小标题。这样读者看完标题和前面的内容后，还会再看下一个小标题。如果小标题做得很好，读者还会继续看下去；用小标题也可以让整篇文章看起来条理清晰，排版美观。

网络文章一定要把社会流行词汇、流行语综合起来，不要用呆板的写故事方式交代必要元素。在能讲清楚主体情节的基础上，去掉不必要的信息，换成小段子、小插曲。读者既能看完主要故事，也不会感觉枯燥无味。

（4）认真的态度是底线。最低级的错误，诸如错别字、重复、啰唆、语义不明之类是绝对不能出现的，细心排好每一个字，一定要多读几遍，仔细检查修改。

3. 玩出名堂且保持超高人气的制胜法宝

对自己进行准确定位，并掌握了文章的创作方法后，就要考虑如何玩好营销这一环节。不仅要玩得好，还要玩出名堂，玩出不会消退的人气。

娴熟地运用各种网络营销手段

经过许多年的发展，网络营销也形成了一条成熟的产业链。而营销的手段也是层出不穷，如图 4-6 所示。

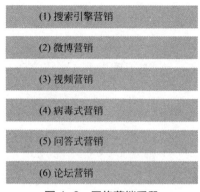

图 4-6　网络营销手段

（1）搜索引擎营销

每个网民在接触到网络时做的第一件事是什么？打开百度，搜索内容。在搜索完毕之后出现的大量信息就是需要争夺的资源，排得越靠前，就越能被读者看见，成为客户的概率也就越高。这一点可以类比广大网民在各大电商平台的购物经历，排在前面的商品往往是要优先考虑的。

（2）微博营销

微博营销已成为大家司空见惯的营销方式，而且是最有效的手段之一。大 V 该如何继续保持资金回流、保持粉丝数量？可以用几种简单的方式达到最好的效果，如图 4-7 所示。

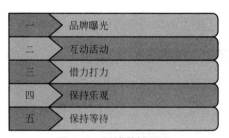

图 4-7　微博营销手段

① 品牌曝光。大 V 用自己的微博代言产品，为产品推波助澜，粉丝会去尝试大 V 推荐的产品，也会推荐给身边的人。好的产品也能提升大 V 的人气，让粉丝知道大 V 是一个为粉丝着想的人。但是广告不能随意出现，直白、无

新意的广告只会让人看到铜臭味，植入广告的优秀做法在第3章里有提及。

② 互动活动。人与人沟通时产生的趣味、利益、冲突等是互动中最精彩的部分。现在自媒体行业的许多优秀视频，如《罗辑思维》《晓说》等，在结束时都提醒观众可以在微博留言、评论，也有抽奖之类的活动，以提升大V的知名度，人情味成为联系双方的纽带。

③ 借力打力。俗话说"人外有人，天外有天"。成为大V后有影响力比你更大的大V，也存在某些你无法涉足的人群和领域。这时可以借着其他大V的人气宣传自己。

④ 保持乐观。粉丝不一定需要你发放什么福利，不一定需要你熬好"心灵鸡汤"，可能他们只是在某些时候需要一个人聆听自己的遭遇，想找一个人给自己信心和鼓励。大V在一定层面上成了精神领袖，影响着粉丝对待世事的心态。大V自己要心情开朗，保持乐观，然后才能影响更多的人。

⑤ 保持等待。这一点不管是大的团队还是个人都可以采用，当然不是说要一天24小时随时准备着，而是要在第一时间解决粉丝的问题，不要让粉丝过多地等待。早一步解决就是节省时间成本，也会让粉丝更加开心。

（3）视频营销

视频营销最重要的两点就是在自己的视频或是别人的视频里营销自己。像我们提过的Papi酱、罗辑思维，个人或是团队自己制作视频营销自己，在成为大V后又继续保持。这种方式被很多期待成为大V的人采用，较低的制作成本促使许多人去尝试。

靠别人的视频营销一般是针对产品和品牌，在视频里植入广告，靠视频的点击率打出品牌知名度。

（4）病毒式营销

病毒式营销并没有一个具体的方式，在心理学上一个人周围经常出现一个相同的形象时，在选择时就倾向于选择这个形象。譬如"王老吉"之所以大获成功，琅琅上口的广告词"怕上火，喝王老吉"功不可没；该广告词出现在媒体的各个角落，消费者在选购凉茶类饮品时就会倾向于购买"王老吉"。

（5）问答式营销

简单地说,问答式营销就是售卖知识,获取知名度。在百度知道、搜搜问问、天涯问答这些网站,大V通过回答网友提问的方式,帮助网友解决问题。最合理的回答者会受到网友的追捧。可以不时地加入各种广告,实现名利双收。

但最大的代表却不是上述这些网站,而是知乎。知乎的主要交流方式就是一问多答,网友自由发言,优质回答者会慢慢建立起自己的粉丝圈。

（6）论坛营销

论坛的便捷性和快速性并没有微博那么明显。但是作为网友经常使用的交流社区之一,也广受欢迎,比如《明朝那些事儿》的"发家"就是在天涯论坛上。论坛上综合了微博、知乎的一些方式,与后者有着异曲同工之妙。

建立高质量的创作团队

一个成熟大V的微博靠一个人运营简直是不可能的,著名的大V必然有一个团队在后方支持。

《罗辑思维》节目里有讲不完的故事,其背后的团队很关键,而关键人物是江湖人称"脱不花"的李天田。罗振宇在创立"罗辑思维"这一品牌后需要一个掌舵人,需要能高瞻远瞩的管理型人才,罗振宇看上了企业咨询界的名人李天田。

李天田在企业咨询界人尽皆知,也事业有成。罗振宇正是看到了李天田的精妙思维和很少出错的眼光。但是要把李天田挖过来却不太容易。

但无论如何,罗振宇最后还是把李天田挖过来担任了CEO,而且,利用李天田生孩子这一天展示了她团队的超强运营能力。当天罗振宇在微信公众号上发起了一个活动,猜测李天田将要出生孩子的性别、体重,1元下注,上不封顶,前50名猜对有奖。这一简单但是有趣的活动让"罗辑思维"一夜赚了7万元。

李天田发现了"罗辑思维"的最大问题是:团队的效率不高,人才是有的,但是体现不出团队的质量。这时她采用了"放羊式"的方式,让更多有能力的年轻人进来，让团队成员自己发挥，自己的任务就是给他们一个边框。通过李天田的操作，"罗辑思维"团队发挥了最大能量，不断输出高质量的想法和作品。

"罗辑思维"团队的高质量运作把电子书销售、网络视频都推向了一个新高度。可以说李天田和团队之间是相辅相成的关系，李天田代表了团队的高质量，"罗辑思维"团队又印证了高质量团队的重要性。

高质量的团队就代表了高效率、高品质的作品输出。延伸到微博的运营团队，大V的运营团队都是如此，好的创作团队为大V提供了更好的后台保障。

设计自身的创意符号

你要怎样表现自己？表现自己的什么？这是一个大V在安静下来时应该慎重考虑的问题。给自己设计一套高辨识度的符号能向人展示自己要表达的东西。而符号包含了两方面的内容：实质性的符号和自己的性格符号。

实质性的符号就是大家都能看得见摸得着的符号，可以是一个商标、一个微博头像，也可以是一个微信公众号的图案。符号需要有独特性，而且一定要保证符号是实用的，能让人第一时间知道你想表明什么。最关键的是要有创意，有内涵，有美感。

（1）有创意。这是任何优秀标志的必备条件。一个优秀的标志，一定会借鉴其他标志的创意点并融合在里面，同时也是对其他创意人的赞赏。可能有人会问，世界上的许多知名品牌的标志都很简单，怎么体现它们的创意？大多数世界知名品牌的商标确实都很朴素，很简洁，看起来没有多少创意可言，但是有两点不可忽略。

其一，在它们诞生的那个年代，它们一定代表着当时的潮流，也就是说，标志的创意其实已经跨越了时代，随着时间的推移而出现了不同的审美观和创意表现方式。其二，现在已经非常著名的标志，其拥有者不可能为了迎合现代的审美观而重新进行颠覆性的设计，如果这样，多年的口碑和品牌的积累都将付之东流。

（2）有内涵。这是一个标志存在的大前提。内涵就是你的核心价值、核心定位。毫无内涵且与价值定位不相符合的标志，不能为你带来收益。所以标志设计一定要与你的内容相符，并且还要有具体的含义。

真正好的符号，不用言语就能把你的内涵和价值充分表现出来。你想传播欢乐，就要有欢乐的设计表现；你想表现高雅，就要有高雅的设计表现。这是一个符号设计的基本原则。因此，在没有对自己完全了解的情况下就制作了一个符号，这是对自己的不负责任，也没有任何的意义。

（3）有美感。美感的要求，是最后一个层次的要求，如果做到了前面两条，美感的要求就成了一种锦上添花。但另一方面，有美感的符号，并不一定适合于任何人，更不是一个优秀符号的必要条件。当然有一种符号例外，那就是当装饰符号使用，不需要具体的含义，只需要衬出美感即可，比如海报上的一些符号。

通过这三点就有了许多人尽皆知的符号，比如百度的"掌心"LOGO、苹果公司的"残缺苹果"LOGO以及许多的汽车标志。这些符号能深入人心，离不开自身的过硬品牌和LOGO的美感。这三点综合应用的符号才是最佳的符号，如图4-8所示。

图4-8 设计创意符号的关键三点

性格符号就类似于"个人标签"。这个标签可以体现在很多方面：微博的个性签名；出席活动的着装；对一条新闻的看法等。大V是一个数量占比不是很大的群体，读者在选择要关注的大 V 时，第一个标准就是能不能在大 V 身上找到明显的个人风格，而不是千篇一律的感觉。

如果大 V 的风格都千篇一律，都用同一种声音在说话，作品的表演风格也都一样，粉丝是不会喜欢的。而且粉丝也不会喜欢无新意的作品。粉丝众多的大 V 都有自己鲜明的性格：姚晨的大大咧咧，孟非的睿智，黄渤的高情商。大 V 有了鲜明的标签后，网友会开始大量关注。当他们发现关注的大 V 是自己想象中的形象时，就变成了坚定的粉丝。

当然，个性标签并不是要脱离主流，与社会主流审美不相符。剑走偏锋有着极大的风险，要么被"铁粉"拥护，要么遭人遗忘。设计自身的创意符号时，一定不要采取极端的做法，要在符合社会主流价值观及审美的前提下，找到自己有别于他人的特别之处，将它展示出来。

4. 不断更新自己的内容，维护粉丝黏性

在微博、微信公众号之类的新媒体开通之后，微信公众号、微博大 V 的数量一直在持续增长，一部分人把这些媒体平台当成是展示工具或者当成消息推送方式，渐渐地忽略了和粉丝之间的互动。有些粉丝因为不再有耐心而选择退出，有些粉丝看不到新颖的内容也会选择退出。慢慢地就出现粉丝黏性降低，转载量或阅读量只减不增的情况。所以作为大 V，不断更新自己的内容，随时维护粉丝黏性，也是非常重要的。

具备冠军级的更新执行力度

雷军的早年事迹诠释了什么叫冠军级的执行力度。在早年雷军刚接触网络时，和朋友一起创立了一个叫"卓越"的网站，为了推广自己的网站就在论坛里发帖子，给自己打广告。但是论坛里的实际情况是，90% 的帖子会被删除，因为帖子的内容千篇一律、没有任何"养分"的都会被管理员第一时间处理掉，但在当时论坛是唯一的宣传阵地，雷军想了又想，于是给自己定

了个疯狂的目标。

每天在论坛里发够 300 个帖子，每个帖子 100 字以上，要晓之以理、言之有物，而且不能有过多的重复，同时必须用相应论坛的风格写，符合相应论坛的阅读习惯。这个目标即使对一个职业作家来说也非常困难，一天 3 万字的工作量需要每天至少工作 18 个小时，而且要连续不断地写。然而，半年的坚持终于取得了成效，"卓越"网的知名度大增，一跃成了当时最热门的购物网站。

这就是冠军级的执行力度，坚持不懈地把一件事做到极致。再硬的岩石也顶不住疯狂、不断的锤击。拥有这样执行力度的还有另一位大 V：唐家三少。

知名网络作家唐家三少的惊人更新力度与他的惊人收入一样出名。靠着不断的坚持，唐家三少每天更新 7000 字，从不间断，坚持了 12 年。这样的更新力度不管在哪个与文字有关的行业都是罕见的，在网络作家中更是凤毛麟角。靠着坚持，唐家三少收获了 3 亿的阅读人次以及 100 多部作品的发行量。

冠军级的更新力度伴随着难以避免的职业病，因为常年码字，唐家三少的几根手指患有腱鞘炎，由于常年保持不变坐姿，致使他颈椎变形，身体开始出现不同程度的疼痛。

但动力产生了强大的执行力。在大 V 更新自己的作品时，动力可以是粉丝带来的收益，可以是粉丝对自己作品的肯定。于个人来说，执行力可能更多地体现在习惯的养成。在网络上流传着一组数字"710"，是指每周工作 7 天，每天工作、学习 10 小时，如图 4-9 所示。这一定律被决心坚持完成某一件事的人奉为金科玉律，而且一些对"710"不满足的人甚至过上了"712""716"的生活。这里请各位奋斗中的人注意，晚上睡眠不足势必会影响白天的工作。在锻炼自己的执行力的同时，也应该劳逸结合，否则只会适得其反。

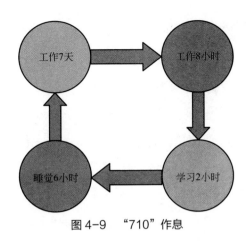

图 4-9 "710"作息

但投入了大量的时间,也未必能保证强大的执行力,还要提升做事的效率,即工作的专注度。网友们推崇的"5 分钟专注"很有效,在开始工作后,第一个 5 分钟强迫自己专注于手头的事情,不去想其他的事;如果顺利完成了这 5 分钟,就继续下一个 5 分钟,循序渐进地找到工作的节奏。

现在的社会生活节奏飞快,再加上网络高速发展,大 V 强大的更新能力是融入时代的重要条件。一次没更新好,那就提醒自己下次一定要更新好;更新数量不足,那就多练习。要用冠军级的执行力度来确保粉丝不会离开。

更新内容有衔接,不重复

大 V 更新自己的推文有很多种形式,内容也各不相同。每种形式都要尽量做到不重复,有些文字性的推文也要保证内容衔接。

(1)连载小说。作为在众多论坛上的常见形式,连载小说的先天优势是可以在每天的连载内容里留下悬念,让读者带着这些悬念等待第二天的更新。这样保证了不会流失粉丝,如果连载内容很精彩,粉丝也会推荐给其他人。但是在连载时要保证内容不会出现前后矛盾、内容不衔接的情况。因为网络小说一般篇幅较长,内容较多后难免会混乱,为了避免这种情况一定要提前做好准备。

① 提前列好大纲。把每一天写作过程中发生的情节用简单的文字概括出

来，如果一个情节篇幅很长，可以在连续几天的更新完成后再记录。这样保证了作者能清晰地知道自己的小说发展到了哪里，自己想要如何规划接下来的情节发展，即使有冲突、重复也能一目了然。

② 提前列好人物关系图。网络小说会出现众多人物，这些人物之间会产生错综复杂的人物关系，即使是作者本人也可能搞错。所以画一张人物关系图，把每个角色的关系厘清，保证不会出现混乱的人物关系。

（2）图片。微博上常见的形式还有照片、画作、截图等，但是大量推送图片之后难免会忘记某张图片是否发送过，这时就需要建立一个图片库。最简单的方式就是在桌面上建立不同的文件夹，每个文件夹对应不同的类别，将风景照、风景画、人物照等分门别类，在要推送前查看一下是否有重复。图片不同于文字之处在于，前者可以直观地看见哪一部分有重复。

（3）散文、时文。这类文章主要出现在手机端的公众号上，由于这种类型可以写成各种方面的文章，一般不会有较大的重复。但是随之而来的是要保证文章的新颖性和高质量。散文要有优秀的文字功底；时文要大胆想象，小心表达。对同一件事情也可以写多篇文章，补充和完善自己的观点。

更新时间固定，培养粉丝阅读习惯

在自媒体这个词火起来后，各大视频网站开始出现了许多点击率很高的连载作品《飞碟说》《暴走大事件》《罗辑思维》等。这些作品最大的特色就是更新时间固定。

更新时间并不一定要局限在某个区间里，早上、晚上推送并没有实际的差别，时间的选择也不是重点，重点在于准时。只有把时间固定下来，才能固定粉丝的接收时间。粉丝的阅读时间作者是无法控制的，但控制好粉丝的接收时间就能最大化培养粉丝的阅读习惯，随着时间推移，粉丝慢慢地形成了在某个时间点查看内容的习惯，粉丝的黏性也会增强。

如果推送的时间不固定，比如粉丝在早上查看时没有推送，在下午查看时还是没有推送。在晚上完成推送后，粉丝的阅读兴趣可能已经没有那么强烈了。假如大V一直在早上10点更新，粉丝就会在这个时间点查看；但是突然改成了晚上10点，在晚上10点更新了一周后，粉丝也会默认你的更新时间。但这时肯定会因为时间的改变而流失一些粉丝，假如你继续更改下去，流失粉丝的数量会越来越多。

微信公众号有一大特色是，许多用户不一定会翻看公众号的内容，但是会保留翻看标题的习惯。因为公众号的数量非常多，每天收到的信息量非常大，用户不一定有时间把所有信息逐条看完。但是如果准时更新肯定会激起用户的兴趣，在你的公众号上停留的时间也就会越多。

无论要怎么运营自己，想把粉丝变为粉丝经济也好，想走在聚光灯下也好，最基本的保障条件就是粉丝的黏性。大V要做到不断地定时更新内容，让粉丝不会觉得自己被淡忘。如果大V在更新动态或内容时找不到突破口，可以把老旧的内容翻出来重新整理一遍，换个方式更新，以维护粉丝的黏性。

（1）回复留言。这个做法常常被忽略，因为大多数人在提到更新内容时，普遍想到的是完整地推送成品。在微信公众号上很多大V都会开启自动回复功能，读者在初次进入时会收到一条指导消息，有些读者在对某个公众号产生兴趣时会直接留言给作者，这时候大V千万不能敷衍了事，用自动回复来应付。

如果不能立刻回复读者，也要在能够回复的第一时间回复，这个读者可能就是下一个粉丝，第一时间的交流往往是最有效、最能达成共识的。同时要把留言功能设置好，让粉丝把第一时间的感想写下来，增加与粉丝互动的概率，这是提高粉丝黏性的有效方法。

（2）争议话题。这个选材角度的精妙之处在于，大V可以不对事件发表任何看法，而是把这条信息作为粉丝议论的触发器。作为年度最有争议的事件之一，快播案的判罚争议起伏不断。当然，有人看到了这个话题背后的价值，许多大V开始转发关于快播案的新闻。读者在接触到之后的第一反应往往是考虑事件的对错关系，并做出在评论区留言、给博主留言等一系列的交流活动，这就大大地增加了潜在的粉丝量。

在科技界，这种做法起到了很好的效果。一加手机的新机型在发布之前就在微博上一直爆料，但最直观的爆料结果就是它的外形和最新一代的苹果手机几乎一样，这在网上掀起了一大波议论。

在有的读者看来，模仿别人的外形是在借鉴经验，因为已经成功的外形可能更受欢迎，使用起来也不会有较长的适应过渡期。另一些读者觉得在手机这种科技含量很高的产品上模仿别人丝毫没有新意可言，就像是抄袭别人的成果。经过这一番议论，把一加手机推到了风口浪尖。发起议论就是为了让更多人注意到，议论的好坏并不影响这款手机的推广速度。看到的人越多，就有越多的人购买，这就把议论话题转化为了利益结果。

第 5 章

吸粉：不以吸粉为目的的运营都是白忙活

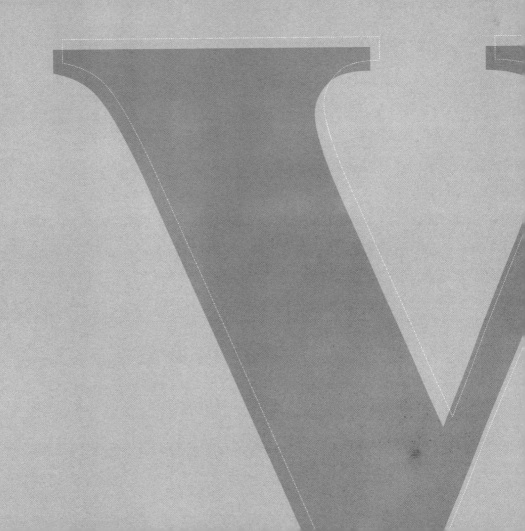

写文章、挖掘读者的目的只有一个：吸引粉丝（简称"吸粉"）。粉丝是大 V 一整条生态链的基础，运营的目的就是要吸引粉丝，巩固粉丝群。

1. 做好吸粉前期准备

做好吸粉准备工作是必需的，稳定的开端保证了正常的运营。在做准备工作时哪怕是丁点的疏忽，一些小的漏洞在粉丝数量增长后也会被放大，这时再想弥补，难度就很大了。名字、LOGO、宣传语都要提前想好，避免开始运营后又出现手忙脚乱的情况。

起好名：容易记，有意义

在相同宣传力度的情况下，一个好名字更容易被读者记住，也能获得更多的粉丝关注，甚至特别的名字能带来粉丝的自然增长。起名也要注意不要踩进某些雷区，应牢记如图 5-1 所示中的一些要点。

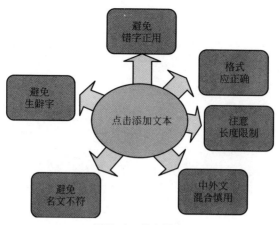

图 5-1 起名要点

（1）避免错字正用。罗振宇在推行会员制时就曾表达过后悔使用"罗辑思维"这个名字。刚开始罗振宇考虑的是把自己的姓写进企业名字里，这样看着新奇，也能向人表示这是自己的品牌。可粉丝们开始搜索公众号时就出现问题了，因为"罗辑"不是一个正确的词，"罗"和"辑"两字要分开打，许多粉丝都搜不到"罗辑思维"的公众号，不少粉丝于是失去最初的兴趣，造成了很多粉丝的流失。

故意用错字在实际应用过程中确实有其自身优势，比如自行车广告里把"其乐无穷"改为了"骑乐无穷"，这种新颖的方式让人眼前一亮。但是把广告的这种模式照搬到公众号上就显得"水土不服"，因为搜索公众号涉及输入法，而且一些形近字不细看难以发现其中的区别，像"华子扯谈"，读者在搜索时很容易打成"华子扯淡"，"淡"和"谈"的字形很相似，而且"扯淡"本就是一个词，因此很容易打错。

所以在起名时不要贪图一些看起来好的小创意，故意用错别字也可能弄巧成拙。

（2）注意长度限制。虽然并没有严格的规定名字要有多长，但是一般 5 个字左右最为合适，在微信上订阅量靠前的公众号一般都不会超过 5 个字。比如，这几个名字"特立独行而有效的创意""我与旅行与写作与发现"，名字太长首先是不容易记住而且显得很啰唆,在被读者们搜索时也显得很冗长。所以选择名字时一定不要急于把你想要表达的东西一股脑地都写在名字中;同时,名字要长度合适、言简意赅。

(3)避免生僻字。其实和故意用错别字有一样的效果,这样的名字第一眼能吸引人但是后续就会产生许多小麻烦,读者不一定知道这个字,在搜索时应该怎么办?除非百度一下或是复制粘贴。这样一来二去,不耐烦的读者就放弃了搜索,造成潜在粉丝的流失。

尽量不要用生僻字,除非是在某些大背景下不得不用,比如因为电视剧《芈月传》的大火而广为人知的历史人物芈月,如果要做一个关于她的公众号,就必须用"芈"字,才能让人知道你想给读者展示什么。

(4)避免名文不符。比起名字更重要的是明确自己的公众号是什么类型的,走什么风格,一旦名字定了下来就要把精力投入到宣传上了。如果在运营时文章内容越写越偏,那再多的粉丝也没有什么意义,冲着标题点进来的读者发现文章内容与标题南辕北辙,何谈吸粉?尤其在拥有了一定数量的粉丝后,一旦内容偏离,会非常容易造成原有粉丝流失,而新的粉丝也吸引不进来,所有努力都会付之东流。

要定位好写什么内容,起名时围绕着内容来起,而且也不要泛泛而谈,如"徐记杂货铺",那就一定是涵盖了许多方面的内容。尽量让读者在看见名字后大概知道你的文章是哪个方面的。

(5)中外文混合慎用。英文也好,俄文也好,在与中文混合使用时会产生一些小麻烦。如果是英文,麻烦不大,因为读者都可以在键盘或是手机上敲出英文,但是其他语种就不一定所有人都懂得如何输入,而且国内的电脑键盘和手机按键上一般没有其他语种的输入方式。

(6)格式应正确。即使能输入英文也有可能搜索不出来。因为英文单词有大小写的区别,而且不像汉语可以明显看出两个字母或是单词之间的空格,给搜索名字带来不便。

最后还有一点,名字应该能清楚地表达含义,但是一个中外文混合的名字,如"Daydream 实验室"这个名字让不太熟悉英文的读者不知道是关于什么内容的,就容易流失潜在粉丝。

所以在起名字时要简洁易懂、容易搜索、容易记住,这样不管是前期还是后期都方便运营,推广起来也很方便。

填好标签,让想关注你的人直接找到你

标签和名字一样,也是给网友的第一印象。标签的作用就是简单明了地告诉读者你想要推送哪方面的内容。

在微博里漫无目的闲逛的网友可能会点开任何一个大 V 的主页浏览,不管浏览谁的微博都会看一眼名字下方的简介,一句简单的介绍就和名片一样。比如王石在微博认证栏上写的是"万科集团创始人兼董事会名誉主席",这样就直接定位了自己。

另一方面,网友在寻求某一特定方面的大 V 时,标签可以明白地告诉网友这个大 V 的具体身份,写散文的大 V 就可以直接写"散文作家"。网友不必费力寻找,大 V 也能直接吸引到相应的粉丝。

比如 Papi 酱的微博认证上直接写了"微博原创视频博主 搞笑视频自媒体"这样的标签,很简单明了,所以在设置自己的个人信息时一定要清楚、简单,能让网友很容易地进行定位。

第一时间认证,形成权威效应

网络世界真真假假没人分得清,所以大 V 在成为大 V 前都必须经过认证。例如普通的微博账号在网上搜索是很难找到的,但是认证之后就能在浏览器上置顶。被认证就代表着你获得了微博的信任,微博可以免费为你提供宣传,这样你的个人微博不只在微博主页面可以看到,而且在网页上也可以出现。网友搜索你的微博时可以看到有认证标记的微博,这就加大了对你的宣传力度,也让更多的网友通过更多的渠道关注到你。

在一些社会名人身上，第一时间实名认证显得尤为重要。知名人士李开复就曾因为没有认证经历了一段轶事。李开复的常用英文名是"Kaifulee"，有一天他突然发现 Twitter（和微博类似的美国一款社交网络平台）上有人用自己的英文名注册了账号，还宣称自己是李开复，频繁发布和谷歌有关的消息。

李开复刚开始并没有多加注意，但是后来的事情发展得越发不可收拾。2009 年谷歌发生问题，多项业务无法正常运行，工作人员马上进行保密会议，但是假的李开复却依然在 Twitter 上公开回复读者的提问，发表所谓的"官方声明"。给李开复和谷歌都带来了不同程度的困扰。当意识到问题的严重性后，李开复马上向 Twitter 申请把假李开复的账号注销，同时完成了自己账号的认证。

从李开复的经历也可以联想到，某一位权威人士的微博消息，会使许多网友深信不疑。所以这就体现了微博的权威性，尤其是已被认证的微博，其价值不可估量。微博从上线到现在经历了多年的发展，慢慢积累起来了许多优秀博主，但是对网友来说，哪个可信度高？哪个可以长期关注？这就需要官方的认证标志，让网友看到官方所代表的权威性。

装扮好空间：加持行业属性

提到装扮空间，不少"80 后""90 后"的第一反应是 QQ 空间。其实，不管你使用的平台是什么，网友点开一个主页时，能被主页的内容吸引，就是成功的空间装扮。

以微博为例，打开一个人的主页就可以明显看到几个模块，这也是装扮的重点。

（1）背景。关键点在于图案的选取，一般从纯色图片、简单花纹、艳丽图案三种里面选择。搞艺术方向的大 V 可以选择艳丽图案，比如漫画大 V 可以用一张漫画作为背景，也可以用渐变色的背景等。但是从一些拥有大量粉丝的动漫大 V 空间中可以看出，纯色和简单图案最受欢迎，而且以冷色调为主，淡蓝色为主的背景色使用最多。

（2）相册。放置在介绍页面的图片只有几张，所以可以在这几张放上自己的得意之作或是能体现自己形象的图片或照片。

（3）微关系。这个很关键。其实很好理解，比如一个人突然发现自己的朋友认识许多名人时，就会觉得这个朋友很厉害。所以在关注别人时要关注名气最高的大V。让网友看到强大的关系圈，形成对你的最佳印象。

（4）推文内容。这部分虽然和装扮关系不大，但是也可以注意一下排版的美观性。

这几项内容就像化妆一样，能给网友留下良好的第一印象，也会增加吸粉的可能性。

先定一个小目标：每日增长 500 粉丝

每日 500 粉丝的增长速度其实是激励自己的一个数字，如果在有了 10000 左右的粉丝时，增长速度就不止每日 500 了，同时最好用数据帮助分析粉丝的增长。

在吸引第一批粉丝时给自己定一个目标，每日的推文或是更新过后设置好时间，比如每过 5 小时看一下阅读量的增长情况，每隔一天查看粉丝的增长情况。这样就能绘制出一个月的营销情况，在增长缓慢的时间点寻找问题，看看是文章的质量不好还是发送的时机不对。如果某个时间点的增长突然增高，从这一点分析哪种文章最受欢迎，以保证粉丝的持续增长。

2. 菜鸟吸引第一批粉丝的技巧

在做好了所有的前期准备后，就要开始实际的下一步了：吸引粉丝的关注，培养出自己的粉丝圈。这需要各种方面的技巧。

有"光环"一定要带

什么是"光环"？就是每个人身上都存在的标签，有些标签辨识度高，有些低。试想一下，如果你的微博简介上写着：哈佛大学优秀毕业生，上市公司 CEO……这类"高级标签"，必定有许多人会关注你。当然，标签不限于此，还可以是明星、作家、冒险家等类型，只要能让人产生浓厚兴趣的标签都可以摆出来，能够产生"光环效应"。

心理学家凯利做过一个关于光环效应的实验。教授向两个班的学生宣布，下节课由一位临时的研究生来代课，接着向学生描述了这位研究生的情况。在第一个班级里，教授介绍说这位研究生热情、幽默、求真务实；教授向第二个班级介绍说，这位研究生不苟言笑、严肃冷漠。两个班的学生并不知道给他们代课的研究生是同一个人。

但在开始上课后，两个班呈现了两种完全不同的情形。第一个班级的课堂充满了乐趣，学生互动性很强，第二个班级的课堂氛围不管研究生怎么带动都显得没有活力。下课后第一个班级的学生与研究生亲密交谈，第二个班级的学生对研究生敬而远之。这就是不同标签带来的不同效果。

在第一个班级里，套在研究生头上的光环就是教授口中种种受学生喜爱的品质。学生并没有接触过研究生，而是只凭教授的几句话就确认了他们的代课老师会很有趣。

大 V 不管在参加活动还是逛街时，最受人关注的就是他们的着装，第一眼的印象会影响到粉丝的整体感受，也会影响到媒体的评价方向。而大 V 给自己加标签就像是为自己选择着装一样，只有好的标签才能吸引更多的粉丝。

（1）高学历"光环"一定要带。高学历代表着你比别人更优秀，是对你自身能力的肯定。而且可以吸引一大批的校友，同一所大学毕业有先天的亲和感，也能收获更多的粉丝。

（2）社会关系慎用。在你的生活和工作中，有可能会接触到社会各界名人，有些甚至会成为熟悉的朋友，但是这位名人的名字却不一定要出现在你的标签里。名人关系要慎用，保护好珍贵的人脉。

（3）参与的作品。不管这个作品你参与了多少，只要你出力了，有正面的付出，就可以标出来。作品的名气越大，你就越能被读者认可。

（4）就业经历。不管是创业还是现任的职业，能被网友熟知的都可以给自己贴上标签。某某公司的CEO、某某品牌的创始人，让人看到你在商业圈里有很高的知名度。

亲朋好友分享转发

不要因为怕麻烦而放弃了身边的推广资源，亲朋好友对你的感觉和粉丝对你的感觉肯定是不一样的。身边熟悉你的人更多的是和你面对面交流，而你的推送消息他们可能不太会去关注。但身边人的交际圈里蕴含着广阔的人脉，他们都可以把你的推文广泛转发，提高点击量。

首先是和身边人要有互动，由于相互之间熟悉，所以在推荐的时候不会有推广不开的情况。要相信一个身边的人转发就会引起另一群人的关注，形成一个"网点效应"。简单的点击订阅或是阅读会提高订阅量和阅读量。这样再给陌生网友推广时，就有了推广的资本，而且阅读量会在很大程度上影响网友对内容的判断。

其次要时刻注意写一些和生活息息相关的内容，比如一位亲人的故去、一则好友的故事，虽然身边的人已经了解了，但是看到用文字的形式表现出来时会感慨万千。很多时候想和人分享一些东西时，可能由于表达的不完全而失去了故事本身的精彩性，而通过一篇文章就能够解决这个问题，分享量自然会随之上升。

最重要的还是真挚的感情和扎实的文笔，第一次让身边的人转发或阅读很简单，但是糟糕的内容是无法让他们持续关注的。要考虑到持久性，就要不断打磨自己的文章质量，让亲朋好友主动为自己宣传。

学会蹭热搜

互联网时代把社会情绪无限放大,社会舆情的传播方式也多种多样,传播速度更是快得不可思议。也正因为这种快而广的特点,蹭热点的价值也越来越高。

(1)蹭热点能引起读者的共鸣。2017年的一篇《刺死辱母者》在各大平台刷屏,此事引起了不小的波澜。事件的当事人之一是22岁的于欢,他的母亲因债务而被债主纠缠。由于债主不满他们没有一次性还清债务,催债者对他母亲进行了侮辱,忍无可忍的于欢手持利刃进行防卫,最终致一死三伤。

这则新闻触碰到了很多读者的底线,读者的情绪被点燃。新闻上了微博热搜,微信朋友圈也被刷爆,多数读者表达了对于欢一家的同情以及对债主的愤怒。这条令人心酸的新闻被嗅觉灵敏的大V在第一时间转发,一方面让更多人看见这种恶劣事件,另一方面也表达了自己的愤怒与感慨;最后在吸引了一大批读者转发的同时,也增加了自己的粉丝数量。

全民网络的时代,每个人都可以制作小型媒体。每当出现热门话题时,无论实力雄厚的运营商,还是势单力薄的个人都可以蹭热点来达成营销效果。

(2)蹭热点打广告。不管是哪个公司在做广告时都要绞尽脑汁寻求廉价高效的办法,他们非常注重用户黏性,公司的微博、广告等都能让用户与公司产生互动。蹭热点作为最简单的方式,能让用户参与到公司的活动中。

(3)蹭热点的底线。如上文说到的,与大众道德观背道而驰是不对的。如果没有把握好蹭热点的尺度,语言欠妥,就会被读者厌恶。所以不要滥用热点,避免自己名誉受损,进而遭受不必要的损失。首先,谣传的热点不能蹭,蹭这类热点只会给读者留下你不能明辨是非的印象。其次,时政新闻不要蹭,因为时政新闻背后的关系链条错综复杂,不是个人或团队能应付的。最后,热门的新闻尽量不要添加评论，读者受到的干扰越少，越愿意看下去。而且越早转发越好，第一手的新闻往往是最有价值的。

互粉求关注

大 V 与大 V 之间的互粉是最方便扩大粉丝圈的手段，比如两个明星可以在互粉之后互相推荐，把对方介绍给自己的粉丝，这样就能共享粉丝，扩大粉丝圈。但在粉丝圈互相分享以后可能会出现掉粉的情况，某些粉丝不再关注原先的明星转而关注互粉的另一方。这种情况虽然有，但只是少数情况，和带来的好处相比，不值一提。

在找互粉的大 V 之前要提前看好是否可以互粉，互粉代表着双方可以在一起交流，有共同的价值观，双方的粉丝也具有一定相同的属性。这样双方的粉丝就能友好相处，而且在扩大粉丝圈时，某一方的粉丝发现另一方大 V 也是自己仰慕的类型，也能扩大粉丝的交流范围。

行业不同也可以互粉，比如罗振宇和罗永浩从事了两个不同的行业，但是关系很好，因为他们拥有相似的经历和思考问题的角度，双方的粉丝也都认识了另一位姓罗的大 V。在 2017 年播出的一期节目《长谈：罗振宇对话罗永浩》，集中体现了两位创业人士对创业的看法和理念，而双方的粉丝不仅能更深一步了解原先关注的大 V，而且也能了解另一位大 V 的理念，互粉也取得了意想不到的收获。

找大 V 帮忙转发推荐

好文章没有一个大的推荐渠道也难以传播开。利用大 V 的影响力来达成推荐效果，这一招也屡见不鲜。打开微博可以看到许多知名大 V 的主页上都会转发一些别人的内容，网友看到后或是因为好奇，或是感觉内容很好就会点开这个人的主页，这样就吸引来了潜在粉丝。

如果恰好认识一个大 V 那再好不过，如果没有这层关系，可以考虑先从比自己名气稍大的大 V 开始。就这样一层层地扩大平台，积小步成大步。最终在更大的平台上收获高人气。

如果自己的内容不合适大 V 转发，也可以采取"@"策略，让大 V 在推文上提到自己，增加曝光度。

持续不断发布"猛料"

2011 年时的"超光速"虽然在事后被证实是实验错误，但是在被媒体爆料出来的一瞬间，还是"炸裂"了全球。因为我们现在的学科大背景中是没有超过光速的存在的，如果这一发现是真的，那就是动摇了现在科学的根基。这则新闻在当时有着巨大的冲击性，同时该实验的实验室也上了热搜榜首。这几乎就是猛料带动网红这一经典策略的标准演绎。其实，爆猛料的内容也包括了许多方面。

（1）科技类。最常见的手机，经常有人在手机发售前爆料手机的各项细节，网友也戏称为"谍照"。这类信息点击率非常高，手机作为现代的必需品，即使不是相关从业人员也非常在意。苹果手机在每一次发售前，网上都要掀起一股猜测的热潮，哪怕一点点的小道消息也会引起网友的大量关注。还有其他的一些科技产品，如电脑、VR 眼镜这些也有一定的关注度。

（2）影视类。对网友来说，看到自己喜欢的电影或是电视剧要拍摄续集了，肯定非常高兴。这种方式即使大 V 没有粉丝基础也能达到效果，影视剧的粉丝就是你的粉丝。只要你能持续抢先曝光类似消息，粉丝就会一直关注你的动态，希望看到影视剧的最新进展。获得爆料内容的方式可以通过查看演员、导演的社交账号或是查找相关公司公布的工作计划来整合成一条完整的信息。

（3）明星类。这需要很强的专业能力，但是获得关注的效果最好。

爆料后确实会获取大量的粉丝，但也要保证持续性。所以在获取了一些独家消息后，如果消息量很大，最好分开发送，就相当于把一次爆料的内容分成多次；分多次获得关注，能获得更多粉丝量。

做表情包、做H5、做小游戏

现在在微信和微博上最火的三个元素是表情包、H5、小游戏，每一个都被网友喜爱，而且都制作简单。

（1）表情包。这个时代网友在聊天时用得最多的就是表情包，简单地说就是一幅简单的图片配上简单的文字，这种交流工具弥补了纯文字交流的一些缺陷。有时候文字不能够完全表达内心感受，网友便开始采用图文并茂的方式表达自己的想法，表情包的图片形式让人能明白这时聊天对象的状态，交流就有了很强的直观性。

表情包的制作可以是用网络上流行的图案也可以用自己的形象制作，被表情包的"魔爪"抓获的名人有很多，如张学友、姚晨、王思聪等。2016年巴西里约奥运会，网友关注最多的不再是哪位拿到金牌的运动员，而是"洪荒少女"傅园慧。傅园慧在接受采访时魔性的表情和个性的话语立即得到了网友的喜爱，而网友也马上做出了一大批傅园慧的表情包。

傅园慧本人也很喜欢这种卡通形象。网友通过这种方式表达了对傅园慧的喜爱。此后傅园慧的粉丝数量疯涨，微博粉丝涨到了800万。

表情包的制作对不同需求的大V有不同的方法，如果需要制作自己风格的表情可以用photoshop软件制作，也可以通过画漫画的形式制作。在网络上有许多用photoshop制作表情包的教程，简单易学。但是这种方法需要发挥想象力，而如果是画漫画，就需要有一定的绘画基础。

而另一种方式很简单，在网络上有许多的在线表情包生成器，只需要选择好要使用的图片，在旁边的输入框里写上需要输入的内容就可以生成，不需要任何photoshop软件制作和绘画功底。

（2）H5。是HTML5的缩写，意思是用标记语言制成在微博或是微信朋友圈里那种带有动画、声音之类的精美图片，包括朋友圈里的品牌广告。相比以前单一的形式，H5把图片、声音、动画糅合在了一起，使一幅图片更加精美有趣，表现能力也更强，同时具有了很强的互动性。网友不再只是阅读简单枯燥的文字，而是接触到动画、音频。而且H5的传播能力也很强，它的制作方式决定了可以在网上的各大平台之间传播，而不是只限于手机客户端。

H5还有一些对大V而言很有实用意义的功能，比如增加链接、提供二维码、收集数据、问卷调查等。所以通过这种形式来推文，网友不会感到厌烦，推广性也更好。有些大V在制作H5时遇到了许多问题，编程语言也比较难学，而且H5的制作需要很多创意，不一定能在短时间内考虑好制作内容。但在网络上有许多H5模板可以使用，在图片上增加文字、链接、音乐就可以使用。

在利用H5进行营销时，最简单的方式就是制作相册，PPT之类的动图形式，让网友能很直观地看到你的作品。

（3）小游戏。最简单的应该就是通过H5来让粉丝参与互动，做小游戏。点开微博页面（手机客户端也可以）在右上角可以发现游戏按钮，里面有各式各样的小游戏，角色扮演、射击、养成类等。网友对游戏的兴趣不亚于对头条的关注，而许多大V也发现了这个吸粉的好机会。

有很多网友在看视频前都会看到明星穿着戏服代言某一款网页游戏的广告。这些游戏其中就有一大批来自微博小游戏，有很多网友看见推送的小游戏正好是自己关注的明星代言，在明星光环的吸引下便点了进去。而代言人也会不时地点开游戏和玩家互动，通过游戏互动产生的乐趣促使大V不断被人所知，名气也大增。玩家也乐于和大V互动，同时获得了和大V互动的成就感和游戏的乐趣。

当然，这只是做小游戏的方法之一。另外还有一种简单的方式，就是在微博上公布一些任务，让网友去完成，比如有的大V透露给粉丝自己的行程，但是不说明具体地点，让粉丝去寻找，能找到的还有小礼品，这种活动让粉丝有很高的积极性去参与。

3. 良好的互动体验必不可少

线上和线下互动应一起进行。

有粉必回，有应必答

提到"有粉必回"，主要就是指在微博之类的平台上有粉丝留言时，大V在第一时间的回复。这是其中的一种方式，也是最为广泛的方式，但善于互动的大V不仅仅会这样做，还会通过其他方式来实现粉丝互动。

汤唯跟粉丝互通书信应该是娱乐圈里的一段佳话，而且汤唯现在还保持着和粉丝写信的习惯。一位喜欢汤唯的粉丝看到汤唯在微博上说可以写信给自己，并且留下了收信地址，这位粉丝便抱着微小的希望把信寄了过去。其实在读者和粉丝们看来，大V回信是一件不太常见的事情，不过粉丝没想到的是，汤唯不仅回信，而且接下来还互通书信五次。

用这位粉丝自己的话说就是："第五次收到汤唯的信封时，已然没有了第一次收到时的那种兴奋心情，因为时间久了，汤唯对我来说已经抹去了一大部分的明星光环，更多的身份是一个笔友、一位朋友。我没有了激动的心情，取而代之的是永不忘却的欢喜。"

收到回信的粉丝不只赞叹汤唯对粉丝的态度，还对信件本身惊讶不已。汤唯的信都是自己手写，还会附着几张照片，在信末留下自己的签名。并在信封背面细心写上"内有照片，请勿折，谢谢"的字样。

回复粉丝不要限于形式，重要的是能从各个角度出发。微博是一个角度，书信是一个角度，抽出时间在线视频也是一个角度。良好印象最好的获得方式就是交流，而对粉丝的回复则是效果最好的交流。

不定期转发抽奖

要说这几年最火的是什么，应该就是直播文化的兴起，而转发和抽奖应该就是直播文化的"代表作"。最为火热的平台如映客、虎牙等，每个大 V 都会不定期地抽奖。

映客作为明星最爱的直播平台之一，吸引了不少明星的加入，高圆圆在直播时达到了 240 万的观看量，而且在直播时给观众发放了小礼品，回答观众的问题。这一举动，让高圆圆"国民女神"的称号实至名归。当粉丝看到自己中意的大 V 就在身边时哪能不激动，而且加入了抽奖送礼物的环节，即使不是粉丝的网友也能获得一份奖品。

另一种直播模式就是游戏主播。比起其他的大 V，游戏主播需要很强的游戏操作技能、幽默的语言和带动观众的能力。但是由于游戏的局限性，并不是每个人都会玩游戏，这时游戏大 V 便开始用抽奖这种模式来获取粉丝。

网名"PDD"的主播刘谋从一个游戏主播开始走上了大 V 的道路，刚开始只是在直播平台上直播游戏，后来不但自己成为游戏玩家，许多不玩游戏的人也知道了他，或者说许多人都是因为"抽奖"而认识了他。他的微博粉丝数量达到了 630 万，这个数字对一个游戏主播来说已经是难以想象的高了。

刘谋送礼物的"尺度"非常夸张。2016 年刘谋与原本的直播平台合约到期，续签合同时谈判破裂，转而加入了另一个直播平台。在新加入的平台开播后，刘谋给观众介绍了自己的抽奖活动"输一把游戏送 10000 元人民币"。网友都被这样巨额的抽奖惊呆了。这样的抽奖网友可是从未遇见过。一时间，刘谋的直播间里聚满了观众，不管是不是刘谋的粉丝，也不管是不是游戏玩家，而刘谋也兑现了诺言，在活动期间一共送出了 20 万元人民币。

活动结束后，刘谋收获了翻倍的粉丝，一场抽奖活动，把他带入了大众视野，不管观众是抱着好奇心看看"土豪"是不是真的在送钱，还是单纯只是围观，都吸引了大批的临时观众，达到了最好的营销效果，临时观众里有一大部分变成了粉丝。

之后刘谋的不定期抽奖也延续了"土豪"的作风。不定期进行抽奖送 iPhone 手机，而抽奖的频率也让网友目瞪口呆。游戏玩得很顺利，过节、过生日，都成了抽奖的借口，刘谋的粉丝拿奖拿到手软，粉丝数量继续攀升。各种转发抽奖活动之后，刘谋的身价攀升至游戏直播的巅峰，有人估计刘谋的身价已过亿。

在微博上的转发抽奖这种活动很常见。大 V 指明了网友要在微博上转发哪条推文，或是评论区的第几个 ID 可以获得奖品。当然，转发抽奖只是一种手段，优秀的个人素养和鲜明的风格才是大 V 最大的保障。

举办互动活动，共同"嗨皮"

如上文提及的各种方式，转发抽奖、线上、线下的各种活动等都是好的互动方式，也可以采用一些把粉丝聚集起来的方式，让粉丝参与互动。

发布会这种形式在前文中提及过了，雷军把它带入了公众视野。在文娱圈里这种方式也很受青睐，电影发布会、专辑发布会、粉丝见面会等一系列的活动都是为了增加与粉丝的互动，大家一起参与的互动才是真的互动。

《奔跑吧兄弟》被引进国内后，这档明星真人秀节目在国内得到了相当高的收视率，网上的观看量也是拔得头筹。几个明星每一期都会变换地点参与游戏，在这期间最为开心的应该是粉丝们。

曾经有一期节目设计的内容是让明星与粉丝进行互动，让粉丝来投票决定明星接下来将要完成的任务。粉丝则通过大屏幕观看明星的一举一动，明星还可以通过大屏幕与粉丝进行对话，共同分享欢乐。这种互动形式不仅明星玩得尽兴，粉丝也看得欢快，明星再也不是高高在上，遥不可及。

发动主题讨论，与粉丝进行深入互动

如今自媒体的发展势不可挡，前文一直在说的《罗辑思维》，还有高晓松的《晓说》、马未都的《观复嘟嘟》等节目都在网上有着巨大的观看量。这些节目的共同点是，在每一期的末尾都留下一个供大家讨论的问题，观众可以在微博或视频评论区留言，发表自己的看法与见解，每一次的话题都能产生上万甚至十几万的留言。

自媒体最大的特点就是勇于接受新事物，或者用新眼光来发掘旧事物。在这一特点的带动下，众多网友终于有了抒发己见的机会，不管什么问题都能一呼百应，网友争相发言。讨论的问题也不一而足，可能是社会现象，也可能是历史问题。

这种互动的方式带动了粉丝对问题探讨的渴望，在生活里不一定能遇见这么多可以交流的人。在大V公布了一个讨论主题以后就像是设置了一个平台，供大家相互交流。尤其是当社会上发生了重大新闻时，网友在第一时间聚集在一起讨论，其中不乏社会各界的精英。大V的作用虽然只是发布了一个讨论的话题，但是起到了很大的连接甚至引导的作用。

对大V自己来说，发布话题本身就是在向人展示自己与新时代接轨、乐于和网友交流、喜爱探讨问题的特点。对读者来说，既有了探讨交流的平台，又有了可以关注的大V。

给粉丝送一些小礼品

上文提及的转发抽奖是一种最典型的赠送礼品方式，除了转发抽奖，大V也可以主动送礼物给粉丝，如歌手在微博上送专辑、影视大V在微博上送电影票。

千里送鸿毛，礼轻情意重。大V送出的一点小礼品足以表达对粉丝的感谢，礼物的内容也不必刻意追求"高大上"，一张签名照、中秋节的一盒月饼都是很好的选择。

其实不只是大V，大至各大电视台、各个商家的微博，小至商场里的小型推广活动，都在用礼品来吸引人流。礼品本身的价值不会太大，但是它传达了送礼者的心意，礼物是载体，承载着情谊。

大V送礼物后一定要在最大范围内将这一信息透露出来，让更多粉丝看到，比如可以在微博放一张和粉丝的照片，让其他粉丝见证你与粉丝之间的情谊。

第 6 章

文案推广：让路人转粉丝

推广是营销的主要活动,要达到"快、准、狠"的效果,让受众能马上明白推广的是什么。准确定位推广的目标人群,达到好的推广效果,需要一则特别能触动人的文案。

1. 好文案三大特点

一本书的灵魂是内容,一个网站的知名度也来自内容,能打动网友的也是内容。一则优秀文案应包含了出彩的文笔、新奇的想法和新颖的角度。我们总结出了以下三大特点。

有趣:广告语要深入人心

罗永浩是一位大V,在创立锤子手机之前,他开办了一家名叫"老罗英语"的培训机构。下面这则有趣味的广告,就是罗永浩制作的,如图6-1所示。

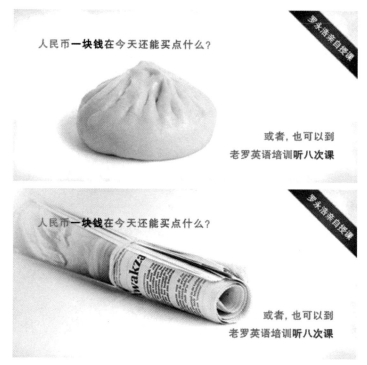

图6-1 罗永浩的"一块钱"广告

罗永浩以"一块钱"作为切入点,可以带给消费者更多个性化的体验,从而引起消费者心理和情感的共鸣,使得"老罗英语"培训更加深入人心,达到良好的营销效果。

这样做的宣传还有很多。核心点就在于,要将广告语塑造得深入人心,从而引起受众的强烈共鸣,才能让受众成为你的追捧者。

有料:有内涵,杜绝假大空

文案的"假大空"代表着你的文案没有说出任何实质性的东西。文案最终还是要起到宣传的作用,让消费者能从你的广告里看到产品的优点和优势。如果只是泛泛而谈,那么和看了一段小说没有什么区别。

罗永浩这位大V很有才,下面不妨看看罗永浩曾经做过的这样一则广告,如图6-2所示。

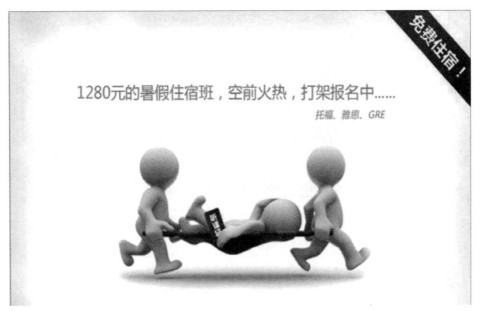

图 6-2　罗永浩培训班报名文案

这种方式让消费者潜意识里认为，培训费真的很超值，又提供了免费的住宿。所以，任何文案都不能脱离实用性而存在，用户得到了实用性，才会让大 V 得到回报。

有人味：把高深的道理讲通俗，才是本事

其实很多公司并不是没有好的文案，只是有些文案需要一定的知识基础才看得懂，这就制约了文案的推广。反过来讲，一些只为高端客户服务的公司也应该把文案推广到大众视线之内，即使不能增加客户，也能做好宣传，为下一步打好基础。2017 年的 Jeep 把广告推广到了各个领域，包括综艺节目、电竞节目、美食节目等，将品牌推广的辐射面扩展到最大。

但是对于一般的大 V 来说，不具备大品牌的经济实力，还是写一个谁都看得懂的文案最为实用。以一个成功的 H5 营销策划为例，"小海洋·我的深圳下雪了"真是刷爆了朋友圈，如图 6-3 所示。

图6-3 小海洋·我的深圳下雪了

这是一个写给深圳的文案。在所有写给这座城市的文案里，让人印象深刻的还有蒲石的两句：人在深圳，心在听海；这座城市不是我的故乡，但有我的主场。在最后，小海洋的创作团队这样写："这是献给深圳的第一份新年礼物。"这份新年礼物，没有一点点防备地到来,没有任何预兆，就轻而易举地撩动了那些独在异乡为异客的人的心扉，大家的心瞬间就温暖了起来。究其根源，触动你的，不是文案本身，而是你心里一直都埋藏的那份隐匿的情感。是的，我们也期待小海洋带给深圳的第二份新年礼物。

2. 打造吸粉文案内容的五大技巧

大V的文案要从粉丝的角度出发，解读粉丝的心理和需要，满足粉丝的需求。

观点犀利，内容走心

如果打开许多新闻网站进行一个横向的比较，就会发现关于一则新闻的报道都是基本相同的格式。先是把新闻的主要内容引出，关于新闻的细节可能每个网站不太相同，但是整体大同小异，而后会有关于新闻的一些评价。也就是说网友们看到的是两部分内容，一部分为事件描述，一部分为评论。

既然事件部分都一样，最关键的吸引点就落在了评价部分，千篇一律的内容评论虽然能跟上主流，但是用来吸粉就显得捉襟见肘了。

iPhone 7 的发布又掀起了一股"苹果风"，网友又回忆起了"教主"乔布斯。一段时间内，乔布斯的名字又上了热搜榜，一起出现的还有三星，这两家公司一直出现在一个句子里，如果搜索一下"乔布斯+三星"这样的内容，出现的都是一些大众早已知晓的信息。大部分文章就是把这些碎片化的内容简单组织起来，看起来相当乏味，但是微信公众号"虎嗅网"上的一篇《后乔布斯时代，苹果与三星的暗战》在推文后瞬间就有了 3400 次的阅读量。

如果是一般的公众号发这种类型的文章，通常不会瞬间有大量的阅读量，但是虎嗅网的核心观点新颖、犀利，不去追随模板化的内容；诚然一部分事实必须要讲写出来，不过之后就是精彩之处。在《后乔布斯时代，苹果与三星的暗战》这篇文章中，作者先把乔布斯和三星掌门人李健熙及李在镕的背景，以及三者之间的闲闻轶事讲述出来，如果是一般文章的作者接下来就会开始讲述两家公司的经营状况，把读者渐渐引入管理经营这一思路上，但虎嗅网的作者没有这样写。

文章中把 Android 与 iOS 系统作为切入点，把两者的根本差异作为两家公司的竞争起始点，再把两家公司与各自所在国政府的关系叙述出来，用大局观的角度来看待两家公司的运营状况。读者看到这里时，不但了解了一般文章里有的大部分内容，也知道了为什么会出现这样的状况。进一步讲，虎嗅网没有预测两家公司以后的情况，而是说明了两家公司将以怎样的姿态发展，这样就避免了预测的不确定性，而且作者通过大量的论据来佐证了自己的观点。

当读者看完时，发现一些表面的现象都可以和实际联系起来，思维也跟着文章展开。虎嗅网以广泛的角度、犀利的态度深深地抓住了读者的兴趣。读者也乐于看到和主流观点基本一致但在细微之处又有独特视角的好文章。

戳中痛点，共享知识

关于痛点，每个人都有自己的不同理解。从微博上的新闻，就能发现网友具有不同的关注点。社会上总是发生一些温暖或是悲伤的故事。不管怎样，每种故事都可以激起网友内心的波澜。

（1）对冷漠的愤怒。比如这则新闻《残忍！乖巧哈士奇被卡车故意高速碾过》，车主无视在路上的宠物狗，碾压了过去。激起网友愤怒的是车主残忍的做法，戳中网友痛点的是一只乖巧的狗就这样死去。在微博下面的评论中可以看到网友对一条生命逝去的惋惜和对车主的声讨。我们不能容忍对生命的不尊重，这是所有网友的底线。这类新闻激起了我们对生命的热爱，对冷漠的愤怒，如图6-4所示。

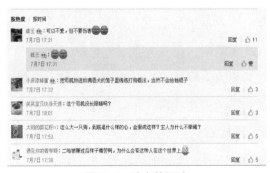

图6-4 读者的评论

（2）对勇敢的尊敬。同样是对待生命的态度，但是这些英雄拯救了生命。我们身边发生了很多见义勇为的事例，可能是拯救溺水者的路人，可能是救出火灾中被困居民的消防员，可能是挺身而出制服歹徒的警察。他们的勇敢行为能博得所有人的尊敬。

（3）温馨的亲情。网友的生活离不开亲人。可能生活波澜不惊，没有特别值得讲述的事情，但是温情一直是读者喜欢看的内容。从中网友能获得生活的正能量，获得对生活的信心。

（4）拼搏的心酸。每位网友为了自己的未来都在努力奋斗。这些奋斗的经历在重提时会让人心中一阵酸楚，甚至戳中泪点。这样的故事题材抓住了读者对生活重压下的感触，经历了拼搏，再鼓励别人拼搏。微博上一条《为了省钱睡在街头》的推文获得了大量的转发，从一则推文中看到自己曾经类似的经历，让大家感同身受。

（5）关爱社会。自己的影响力越大，越要为社会做贡献。在明星身上，这一现象最为明显：姚晨做公益大使让粉丝看到的是一个关爱儿童、关心社会的偶像。可以转发这样的推文，利用了大V的粉丝群体收获大量的关注和评论。对一般读者来说，看到大V贡献出自己的力量来回报社会，流露出敬佩之情也是理所当然。

（6）社会正能量。我们经常看到"众人抬车救人""热心市民接住坠楼儿童"这类报道，触发网友对生活的信心，激励网友在生活中也这样做。明星靠自己的大V影响力做好事，网友自己也要贡献出自己的一份力量。每一次的众人相助都会让网友争相转发，主动让更多人看到大众对社会的贡献和努力。

类似的角度还有很多，关键在于发现与网友生活紧密相连的故事，在推文上抓住网友内心的感受，调动网友的情绪。

（7）共享知识。主要是指职场智慧和生活经验。这种文章以经验为主导，把众多网友或是某位大V的经验讲述出来。刚入职场的网友可以从中学到在职场里需要注意的细节，第一时间获得上级的关注，帮助自己度过不稳定的实习期，尽早在职场里树立起自己的形象，不管是对以后的升迁还是工作的稳定性来说都有重要意义。职场智慧的选材可以从三个方面获取。

首先是自身的经历。大V把自己的工作历程和经验写出来。这样的故事亲和度很高，因为自己的经历毕竟要真实得多，写出来也能让网友在字里行间感受到你的诚意。

其次是其他大V的经历。分享一些事业有成的大V的小故事，从中提炼出关于职场的核心内容，给网友展示一个全方位的职场。也可以结合别人的故事说出自己的经验，两种方式可以相互结合。

最后是网友的经历。大V和网友互动的时候，可以发掘一些网友的故事，从网友的角度讲述一个故事。

分享干货，两个最佳

如果想从这个角度下手，大V要尽可能地贴近生活，从生活中找到灵感。

（1）生活经验类。分享一些生活的小窍门。这些是读者在生活中都会遇到的情况，比如"下水道清理不干净怎么办？""胶带留下的贴痕如何处理？"等这些生活中常见的事情。这类经验不一定是大V单方面的分享，也可以发动网友把生活中的小窍门拿出来分享。

但需要注意的是，这类题材可能不会有太大的转发量和评论量，但是可以明显地吸粉，网友用简单的方式解决了困扰自己长久的问题，会有像是发现新大陆一样的惊喜。但是这类推送不宜过多，隔三岔五推送一些就可以了。

（2）美食类。这是网友们永远都喜爱的话题，每天的生活离不开吃饭。可以从制作美食和推荐美食两个方面完善推送。

美食题材的推送也只有两种形式：图片格式和视频格式。微博"amanda的小厨房"有660万的粉丝量，每一条内容都是通过视频的方式教大家如何制作美食。视频肯定要比图片更为直观和详细，可以让网友把每一道工序都看清楚。需注意的是，这类推送在食材的选择上要尽量大众化，这也是能否让大多数网友接受的必要条件，最起码应是可以在农贸市场买到的食材。

另外，在制作上要尽量精细美观。美食讲究色香味俱全，点开"amanda的小厨房"后可以看见她的每一个视频都很简洁、精致，没有厨房通常都有的油腻感，网友看了会很舒服。

推荐美食要考虑到大众的口味，一些另类的美食最好不要推荐，推荐的食材不限菜系，可以把文章的角度扩展到吃的所有方面，只要好吃不贵即可。

美食的图片和视频，吸粉效果都很好。美食类的分享频率可以在总体内容的推送中占有较高的比例，生活经验类最好是集中在一起分享，把积攒了许多的例子综合在一起推送。视频、动图和图片的比例要控制好，美食推荐最好是视频和图片，生活经验最好是动图。

（3）推荐书籍和电影。这类的推荐需要大V自身具有一定的阅读量和写文章的功底，而且对粉丝而言，书籍和电影的接受速度要比美食慢，所以在推荐之前要想好有没有必要和价值推荐。可以在推荐前多借鉴豆瓣、知乎上的相关评价，先把要推荐的内容进行定位，看一看是大部分人都喜欢，还是只有少数人可以接受。

在知乎上可以看见对书或电影的详细解读，这对写推荐语很有帮助。豆瓣上的评分则显示了是否值得推荐，可以把两者结合起来，选择优质的作品，推荐给大家。但总的来说，推荐越大众的越好，冷门的作品要慎重推荐。

这些是主要的干货出处。当然还可以讲解情感、旅行等，不管哪个角度，保证自己文章的质量是最重要的，也就是保证两个最佳：最佳选材、最佳文案。两者缺一不可。好的素材保证了文章的趣味性，好的文案加强了文章的可读性。保证两个最佳，就是保证粉丝的增长。

先卖关子，引发好奇

大V要把握住自己推送内容的核心，把标题写好，并使用好这几个宣传工具：标题、图片、视频和音频。

（1）标题。看到这则标题《大学校长的秘密情史，让人十分惊讶！》网友的第一反应都是校长有外遇或校长有什么风流往事，但是点进去一看才发现，校长除了自己的结发妻子，还把整整一屋子的书当成自己的"情人"。那么，标题有错吗？没有，但是把原本描述一个有极高文化素养的校长的文章给人以八卦的感觉，这就是用文字卖关子，抓住读者的眼球，增加点击量，虽然改后的标题变得庸俗不堪，但在提高点击率方面的确有促进。大V们可以适当修饰标题，但绝不能为了吸引点击改得太过分，更不能用标题来造谣或是欺骗读者。

（2）图片。可以把图片纵向拼接起来，网友在看时只能从头往下看，可以在第一张图片上设置好悬念，激发网友的阅读兴趣，比如"天才小熊猫"的长图广告，网友看着有趣，文案的效果自然不会差。

（3）视频和音频。和文字形式一样，要注重开头的标题和介绍词，吸引网友的好奇心。在文案内容上要制造悬念和卖个好关子，网友才会接着看下去。

做"好事"要留名，引导关注

这个留名，与"吹捧"无关，是指在做了一些引起关注的事后能让人记住你。这个记住的过程是潜移默化的，不会在文案里特别指出，而是诱导网友慢慢发现。在微博上我们就能发现这样的一个现象：许多大V在发消息时总是"@××"，如果看多了就发现一个原本不熟知的人名或是团体的名字总会频繁出现，这样就有可能促使网友点开这个"@××"的微博去查看，从而增加了这个被@微博的点击量。

引导关注的同时要注意对尺度的把握，保证人们能知道你，同时也不会讨厌你。曾有一则新闻报道，一名男子拾金不昧后，自制了锦旗，挨家挨户地找媒体，想让媒体报道。网友会厌烦这种行为。所以点到为止，适度强调是最好的。

3. 文案版式设计：吸睛是第一要务

在宣传过程中，首要考虑的就是文案，它包含了我们要展现给别人的重要的信息。在进行预先设计时，应该对文案有一个整体的把握，从字体、图片、颜色等不同的细节来把控，制作出一张好图片，达到吸睛的目的。

巧妙的色彩搭配

当网友看到色彩对比很明显的海报时，会在脑海里构建出更为具体的想象画面。所以在选择色彩的占比时，要看文案想要达到的效果，突出哪一种主体，就把哪个色系的比例调大，产生视觉张力，快速吸引网友的注意力。

另外海报字体的颜色选择也要和海报背景构成对比。文字颜色的选择可以与背景一样，与背景相融合，产生延展感；也可以选择与背景反差较大的颜色，产生视觉落差，达到强调主题的作用。如果背景颜色比较鲜艳浓郁，可以选择简约的白色字体。如果背景空洞，可以把渐变色运用到文字上，配合艺术字体，达到最佳效果。

字体模式设置有技巧

文字如何设置是大 V 很头疼的一个问题。可以先从一些简单的元素开始设置。

（1）中英文。主要还是以英文为主，在很多海报上都能看见英文广告词，而且看起来很好看，这是因为英文本身就是由线条组成的，构造简单，灵活多变，很有图形感。所以可以在文案主题的中文下加一段英文，中英文的组合有很强的美感。

（2）大小号。如果有两行简单的文字标题，可以选择把第二行调整为比第一行小的字体，也可以把前后设置成大小不同的字体。大小的对比增强了阅读效果，网友看完第一行后会凑近仔细看第二行。比起相同大小的字体，网友用了更多时间去理解标识语，这时就有了效果。

（3）字体。在 Word 上可以看到汉字有非常多的字体可以选择，那选择哪一种就成了很棘手的问题。可以把字体分为两大块来选择：有衬线字体和无衬线字体。区别就是在笔画的开头和端部是否有一些图案式的装饰，就是笔画是否为了美感而做了多余的处理。有装饰的就是有衬线字体。有衬线字体适用于标题、标识语，正文一般不会使用。

（4）简繁体。繁体字的使用就和有衬线字体一样，都是为了增加美感。为了让文字看起来好看一些，可以使用一些常用的、简单的繁体字，如"门"

可以写成"門","笔"改为"筆"。

具体的使用还是要看具体情况，如果是为了在广告语或标识语里使用，只需用常用的繁体字即可，要考虑到让大家都能看懂，不会带来阅读的不便。

（5）变色。一行文字不一定要用相同颜色，前半部分白色，后半部分可以是其他颜色；或者把文字当成一个调色板，根据上文的做法调整颜色，用来突出关键词，增加美观性。

（6）字体角度。要与背景之间有互动，整整齐齐的背景肯定要搭配正常放置的文字，如果背景是一个有角度的图案，可以把文字调整成相同的角度，让整个画面看起来更协调。

卡通、漫画、美图样样必备

一份文案用到的元素有很多，体现在海报背景上时，就可以用到卡通形象、街拍、漫画、纯色这些背景。不同文案选择不同的背景，在背景的处理上需要投入大量的精力。

（1）弱化背景。这种方式的思路是把图片上的两个元素进行分层处理，一个维持不变，另一个做模糊化的处理。比如一张街拍的照片，把街道背景模糊化，突出人物形象。模糊化的背景也有一种模糊式的美感，就像国画一样，用一团色彩来代替一处背景。

（2）标签式。在一张图片上设置一个醒目的方框，在方框内写上标识语，就像一个标签。这样网友的注意力集中于标签内，文案要传达的内容简单明了。

这两类最为常见和实用，效果也很好。

处理完背景后需要选择画面上的主要图案，不外乎三类：卡通、漫画、美图。

（1）卡通。这类图案的最大优点就是老少皆宜，不会出现审美差异极大的情况。卡通形象的选取可以是热播的动漫人物，也可以自己设计。

（2）漫画。比卡通的画风要简单，但是可以表达语言性的东西，很有持续观赏性。

（3）美图。主要是人物、动物、风景照这三类，但是需要选择与内容相匹配的照片。

这几种类型图案最好不要混在一起使用，而是同一个主题做几种不同风格的文案，风格多了，总有一种能吸引更多的网友。

第 7 章
SEO 推广：让自己在首页上更好地展示

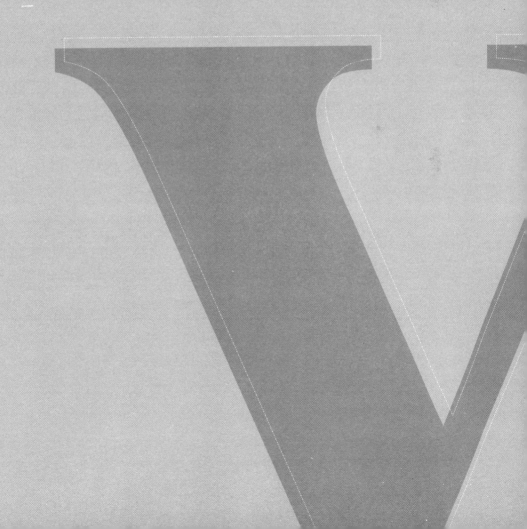

网络时代信息传播的载体是网站，大 V 们的主要平台有很大一部分是网站。他们不仅需要时刻维护网站，同时还要想办法把网站内容呈现在更多网友面前，于是就诞生了 SEO（即"搜索引擎优化"）推广机制。

1. 了解搜索引擎工作原理

网友在搜索信息时，先通过搜索引擎检索信息（如我们所熟悉的百度），越排在前面的信息越容易被网友发现。这就需要大 V 了解搜索引擎的工作方式，分析结构的运行方式，以便使自己的信息得到最大程度的关注。

蜘蛛抓取网页

搜索引擎的工作顺序如图 7-1 所示。

大 V 希望自己的内容能排列在页面前部。要做到这一步需要在搜索引擎的几个步骤上做好准备工作，这需要了解"蜘蛛抓取网页"这一技术。

图 7-1　搜索引擎工作顺序

搜索引擎在第一步收集网页信息时，需要用一个软件在网络上的各个角落收集信息，把收集到的内容再反馈到信息库里，这个软件就像蜘蛛一样穿梭于网络空间内，所以被形象地称为"蜘蛛抓取网页"。当然，这里就涉及一个问题：网上的信息量异常巨大，搜集信息时怎样保证自己的信息一定能被搜集？

（1）高质量内容。搜索蜘蛛就像一个买家，质量是要首先考虑的问题。高质量的内容永远会被搜索蜘蛛第一时间发现，各个搜索器之间都在争抢高质量的内容。其次，搜索蜘蛛和网友一样都喜欢获取新鲜的东西，长时间没有更新的内容，搜索蜘蛛不会优先考虑，也不会在第一时间收集。搜索蜘蛛只会收集网站，但是不会把网站的内容存放在数据库里。所以高质量的内容是被搜索蜘蛛搜集到的关键，而且高质量内容还要保持能够经常更新，否则搜索蜘蛛在首次收集后可能不会再考虑收集。

网友在购物时可能会搜索相应的商品名字，比如搜索"冰箱"，我们就能发现排在前面的都是口碑好、销量高、大众信赖的产品，如海尔冰箱、苏宁易购都排在了最前面，如图 7-2 所示。

我们在点开网页后就发现，里面的内容简洁充分，符合搜索蜘蛛的所有收集标准。

（2）外部链接的质量。打开某一个大 V 的微博主页，你会发现他（她）推送的内容有很多网址链接，这些便是外部链接。外部链接也是搜索蜘蛛收集信息的一个标准。外部链接内容质量高，访问数量大，就会被搜索蜘蛛优先考虑。

图 7-2　内容搜索

而在搜索蜘蛛搜集完毕后,搜索引擎要显示搜索内容时,外部链接也会起到很大作用。想要让搜索引擎给你的网站分配更高权重,就要考虑到在其他网站中有多少链接来自这个网站,外部链接的质量、数据以及相关性怎样。这些因素都是搜索引擎要考虑的。权重高的网站其外部链接质量也高,若外部链接的质量不高,权重值也不会太大。所以想提高网站权重值,就要提升网站的外部链接质量,这些都很重要。

(3)内部链接的质量。搜索引擎权重值不仅要关注网站内容,还要关注网站内链接的质量。

搜索引擎在查看网站时,会顺着网站导航、网站内部文本链接等进入网站的内页。网站的导航栏能使网友找到网站的其他内容,最新的网站内容中应该有相应的文本链接,便于搜索蜘蛛抓取。所以网站的内部链接也同样重要,如果网站的内部链接做得好,搜索蜘蛛在收录你的网站的时候不仅仅会收录一个网页,还会收录相连的页面。

(4)稳定的基础。稳定的基础就是指你的网站是否稳定,访问速度是否够快。对于网站来说这就是搜索蜘蛛能否抓取的门槛;如果门槛过高,搜索蜘蛛无法进入，也就不会查看你的网站内容。

网站的访问速度很重要，如果搜索蜘蛛在抓取网页时，网站打不开，那么下次搜集时就会减少对该网站的收集。因此在网站上线之前，最重要的是保证网站的稳定运行，可以通过独立的 IP 地址增加访问速度，提高主机效率，保证网站的稳定。网站能否被快速打开，对搜索蜘蛛的抓取和网友的体验来说都是关键问题。

搜索意图预处理

网友想要通过搜索引擎搜索的内容不一而足，而搜索引擎需要把这些内容分隔开来，在索引库里进行检索。比如在百度上输入"境外游签证与保险"就会显示不同种类的网站，包含了境外游、签证、保险、境外游签证、境外游保险等不同的组合内容，而与搜索内容匹配度最高的网站则会排列在最前面。

涉及面广、关键词多的网站能保证符合搜索需要。网友的搜索内容数不胜数，网站的关键词涵盖了社会上的所有方面，自然就能收获更多的用户。一些综合性的网站被搜索到的概率相当高，比如凤凰网包括了财经、历史、体育各种方面，如图 7-3 所示。

图 7-3　内容涵盖了众多方面的凤凰网

这也提示大 V 在上传推文时要注意内容的广泛性，尽量保证推文内容的多样性，涉及范围要尽量广泛，才能引起拥有不同关注点的读者的注意。

排名展现

所有网站最关心的就是排名。经过上文的一系列流程之后，网友搜索的内容就会展现在页面上。如何提高排名？通过前文的简介可以归纳出一些有效的方法，如图 7-4 所示。

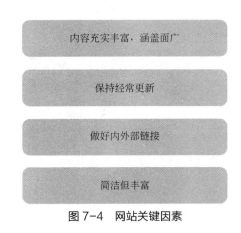

图 7-4　网站关键因素

要注意的是，通过不正当收买、篡改搜索引擎显示排名的方式是不可取的。

2. 热门关键词挖掘技巧

网民在搜索时使用频率最高的词就是热门关键词。如果某个关键词和自己的网站有关，就可以在网站上更新相关的内容，从而极大地增加网站点击率。

搜索排行榜：百度风云、谷歌热榜

百度风云和谷歌热榜都会把网民搜索的关键词频率统计出来，能直观地看到网民们的最热门关注点。在国内，百度风云榜成了热词风向标，由于百度在国内处于搜索引擎界老大哥的地位，百度风云榜的权威性和可信度自然也就最高。每年的 12 月份，百度风云榜都会公布出当年的搜索榜单，分门别类列出，如十大社会热点、十大网络流行语、十大焦点人物等。

但是对大 V 来说，年终榜并没有多大的意义，和普通网民一样，只能作为茶余饭后的消遣。大 V 需要时刻关注百度风云榜的关键词，在自己的网站上更新并尽量使用上与其相关的消息，和蹭热点的效果一样，都是帮助自己的网站获得点击率的有效方式。

百度指数：判断关键词的趋势和热度

百度指数，简单来说就是线性地分析关键词在一段时间内的搜索频率。对于大 V 来说，关键词也不能盲目使用，关键词可能是在短时间内热度高，也有可能是在某一段时间后会再次爆发，也有可能真实热度并不高。

（1）趋势和热度。在百度指数上输入某一个词后就能看到这几样数据：一个热词在一段时间内的详细搜索频率以及在每个峰值时期的关键搜索语句。这些数据形成的曲线可以给大 V 很多的详细信息，通过曲线可以看出关键词搜索趋势，发现网民的需求变化，分析媒体舆论的走向，定位网民的特征。

百度指数可以运用到网络营销中。人们通过百度指数变化，清楚地了解什么词拥有高热度，大 V 可以将其运用到自己的推文中。如果发现了哪种搜索词最近的搜索热度下降，大 V 可以及时改变推文方向，不要因为一个热点不再拥有高搜索频率而投入多余时间。最后可以进行关键词的对比，在百度指数中有指数 PK 功能，两个热词的曲线叠加在一起，通过对比发现两个关键词哪一个搜索频率更高，哪一个更合适自己发挥，如图 7-5 所示。

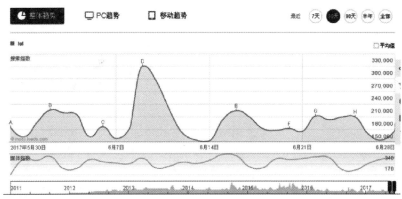

图 7-5　百度指数

另外，对大 V 来说可能没有大量精力去研究新事物，这时候就可以用百度指数来寻找新出现的词语，新的关注热点。虽然通过其他途径，例如和其他大 V 之间的相互转发也可以进行新事物的寻找，但是这样的方式会形成热点之间的时间延迟，不能在第一时间推送消息，不能达到"爆猛料"的效果。

对于经常要推销商品的大 V 来说，曲线图上有整体趋势、移动趋势、PC 趋势这几种类型。可以明显看出哪种商品的搜索度很高。而且百度指数上的"品牌表现"功能里可以看见当下比较火的品牌，不管是化妆品、手机还是食品。可以提前掌握某种商品的销量、资源，借着网友的关注热度而提高销量。

在 2016 年国际知名品牌 YSL（圣罗兰）发售了一款星辰口红后，由于 YSL 采取了饥饿式营销策略，品牌的搜索热度在一周之内疯涨了 4 倍之多，许多大 V 看见了上涨的趋势便开始在自己推文里大量销售，一时间内这款口红脱销。如果没能在第一时间看到"YSL 星辰口红"的搜索量疯涨，这样的黄金营销时间也只能拱手相让。

趋势代表了热词的发展方向，有些热词可以在一整年的时间里呈现规律性，大 V 可以在发现某个热词的规律性后提前预知，在热词的高峰期即将出现前准备好。如果提前一步做好准备工作，网友就会觉得你的品牌更有说服力，而且提前做准备就意味着提前争取到粉丝。

（2）真实性。百度指数的结果虽然由百度公司官方统计，但不可避免的是，有些人会恶意刷高搜索频率，这就需要大 V 谨慎对待热词，避免被误导。

热词出现以后，大 V 可以用一些简单的办法来区分这个热词是否值得自己注意。在百度指数的 PC 指数和移动指数的对比上，可以筛选出真正的热词，因为网友在搜索热词时会通过 PC（电脑）、平板电脑、手机这三种主要的方式，如果发现某搜索热词的 PC（电脑）指数大大超过了移动（手机）指数，那就要慎重考虑这一搜索热词是否值得大 V 将其作为下一个热点去营销。

在百度指数中，如果某一热词搜索度下跌得太过猛烈，也要慎重考虑，避免浪费时间和精力在虚假热点上，一定要发现真正的热点，"蹭"最好的热点。

SEO 工具：对预测关键词进行分析

SEO 是搜索引擎优化的缩写。优化的对象是网站内容，优化的结果就是排名。最终的效果是让网站能排在页面的前端。前面提及的如何让搜索蜘蛛抓取网页也属于这一范畴。

内容优化是目前 SEO 最大的一部分内容。例如大 V 会不断更新微博，慢慢地会增加内容，因此在搜索关键词汇时难免会造成效率的降低。这时就需要 SEO 工具来加强优化，简化优化流程。

常用的 SEO 工具诸如站长工具词库网、百度关键词规划师、Google Words 关键字工具等，在使用工具后就可以进行关键词的分析以及各种优化操作，使用工具简化了优化时间，很具有实用意义。

3. 内链系统布局

在上传推文时要做好除文章外的其他细节，文章的质量固然重要，但是一篇好的推文只有文章是不够的。

文章结尾绑定相关文章

写过作文的人都知道，文章的结尾有点题、总结全文、首尾呼应这些功能，虽然与网络平台上的文章结尾不同，但是也说明了处理好文章结尾的重要性，这时可以采用绑定另一篇文章的方式来结束。

其实在微博、微信这些主流平台上，在文章结尾绑定另一篇文章的这种形式我们早已司空见惯。比如在网站上浏览新闻看到结尾时就会发现在新闻看完时还有一个链接，读者在好奇心的作用下一般会点开链接继续查看，这种模式对吸引读者很有帮助。而绑定文章的方式也有很多。

（1）链接式绑定。在微信公众号上，我们经常能在文章末尾看到一些链接，这些链接一般是其他的文章，这样的绑定可以加深读者的印象，在结尾处绑定和文章内容相似或有关系的文章来达到再次强调的效果。而链接式绑定也可以分为两种形式。

① 内部链接。可以绑定自己公众号内的文章链接。这样做的目的很明显，读者看了文章之后觉得比较有意思，这时就会想要阅读这个公众号上的其他文章，而一个简单的链接就可以把读者引向另一篇文章。如果你的文章内容足够好，那读者就像是陷入了"沼泽"里一样，一头扎进你的公众号里，会一口气阅读完。哪个大 V 不希望读者连着阅读自己的多篇文章呢？

一般来说，读者连着阅读多篇后发现文章质量很好就希望订阅了，这样的方式很容易吸粉。即使读者没有关注，但是在翻看的同时达到了另一个效果，公众号文章阅读量的大量增长，还不只是一篇文章的阅读量。不管是哪种结果对微信公众号的运营来说都是有益处的，如图 7-6 所示。

图 7-6　公众号上的内部链接

在选择要链接的文章时，如果是文学类的文章尽量选择和本篇文章同一类型的文章，读者点击阅读这篇文章本身就是因为这篇文章的属性，可能是散文，也可能是真人真事，相同的题材能让读者愿意继续翻看下去。如果是新闻类、知识类等的应用文章，可以酌情考虑链接其他类型的文章。但是文章类型选择不能过于乱，比如文学类不能轻易链接应用类，这样会使你的公众号看起来杂乱无章。

② 外部链接。这需要很深的积累量。采用外部链接的好处在于，如果公众号知名度比较低，这时可以采用阅读量高的文章来加强此文章的权威性。如果是知名的公众号可以扩展读者的阅读范围，不只限于本文的类型。这样的好处在于让读者看到你的知识面很广，经验很丰富，可以给读者推荐一些其他大 V 的优秀作品，读者慢慢会关注你的文章，不只是因为你的文章很出色，而且可以看到其他大 V 的优秀作品，订阅量自然会上涨。

（2）文本式绑定。这种方式不需要设置链接，只需在结尾处标明你想推荐的东西，一般是一本书或一段视频，这样做比较简单。有些大 V 会从书里节选出一些章节作为推送内容，在文章末尾把书本的出处用文字的方式标明，这样读者如果对文章感兴趣，也会去翻看该书籍。

加入"你可能还会感兴趣的内容"模块

网友在百度搜索某些内容时，在页面的右侧会显示一些相关的内容，这些内容是根据你所搜索的内容而进行的自动推荐。它依据的是一种"推荐算法"，比如，在百度搜索栏里输入"海明威"，就会在右侧显示一些人物，这些人物是以海明威本身具有的人物标签作为关键词，去检索其他相关标签人物而得到的结果。大 V 在推文中加入"你可能还会感兴趣的内容"的模块，也是这种模式，如图 7-7 所示。

图 7-7　百度上的自动推荐

可以在推文的开头或是结尾加入"你可能还会感兴趣的内容"模块。具体做法可以用前文提到的 H5 模板，在模板上添加链接和内容。内容的选取可以根据你的文章内容来进行选择。例如，有关笔记本电脑测评的文章可以加入关于显卡、主板、显示器之类的元素，因为这些元素都是限定在电脑这个大框架之中的。

加入这种模板的好处在于，可以丰富文章内容，在空白处加上适当的模板可以使文章看起来更全面。

链接元素要做出简要文字解释

不管是哪种平台的推文，只要加入了链接，就要注意链接的格式，一定要有链接的说明。加入链接本意是为了丰富内容，能对文章做进一步的补充说明。一方面，如果链接含义不明白，就会使读者有一种雾里看花的感觉；另一方面，有些读者会对未说明的链接起疑心，所以要写明链接的用意。

上面提及的文章结尾处绑定文章里有加链接的方式，微信公众号的链接方式比较直接、明了，链接直接加在文字上面。文字本身就是一个链接，也起到了说明的作用，如图7-8所示。

图7-8　微信公众号超链接

超链接的另一个大平台是"知乎"。在平台上做的各种引用一定要标明出处和用途，避免因为引用他人的文章而给自己带来版权上的麻烦。

栏目页加入其他网站的内页链接

链接其他网站的内页，就需要审视一下有没有添加的必要以及所加入内页的质量。如果一个不出名的网站导航栏里有一个知名网站的链接，就是在告诉网友"我们的网站是可靠的"，自然有一定的好处。但如果与自己网站内容没有多大联系，也就没有加入的必要。

网站的内容不可能十分齐全，哪怕是单一的方面也不可能做到完整，这就需要我们引用一些其他网站的内容。比如在介绍一款化妆品时，本网站仅仅介绍此化妆品的效果和测试，但是有些网友想要了解化妆品的成分、了解这个品牌背后的故事，这时就可以在页面上加入相关内容网站的链接，这样就方便网友随时可以跳转网页。

其他网站链接的插入还有一个优点，就如微信公众号文章末尾插入的链接一样，让网友慢慢相信你的公众号质量很高。而且推荐的网站信息量充足，商品质量高，这样就慢慢地积累起了粉丝，渐渐地培养起了粉丝每天来你的公众号看一看的习惯。

4. 外链建设渠道

如何建设高质量的外部链接,关系到网友对网站的第一印象。

友情链接:互换友链

互换链接就和大 V 互相关注一样,两个网站各有各的资源,如果可以进行资源的互换、相互推广,那就再好不过。可以在网站上加入合作网站的链接、LOGO、文字介绍等形式。

国内三大视频网站的优酷、土豆、爱奇艺就进行了简单的互换链接合作。比如在优酷搜索某个视频后,点开发现不能观看,而是在页面上提示可以跳转到土豆或是爱奇艺上观看;同样,在爱奇艺上也有可能遇到相同的情况。单个视频网站上不可能涵盖所有的视频,我有这个,你有那个;互换就是交换观众,同时也保证了自己的浏览量。

有的大 V 在公众号开启之初想要提高链接质量,便开始寻求互换链接。但是不知道如何做,其实完全可以通过相互之间的了解来促成友情链接互换,如图 7-9 所示。

网站名	Baidu	Alexa	百度快照	爱站权重	ChinaZ权重	PageRank	更新时间	类别	联系站长
京东SEO提取	0	0	--	0	0	0	2017-02-12	其它网站	[admin111]
深圳清债公司	3030	0	--	1	2	0	2016-11-16	法律律师	[xrdet]
京深海鲜市场	61	0	--	0	0	0	17:59:53	网上购物	[96526295.]
泡妞秘籍	356	0	--	0	0	0	17:59:45	爱情交友	[96526295.]
北京长城研修学院	224	0	--	1	0	0	17:46:53	人才培训	[liuhe945]
第八公社	2840	0	--	1	0	0	17:24:51	博客论坛	[hedongsu]
易网互联	87	0	--	0	0	0	17:22:55	企业商务	[yfdaifhc]
中文采稿网	7770	0	--	1	0	0	17:21:07	文学艺术	[hedongsu]
权威发表网	493000	0	--	1	0	0	17:20:59	文学艺术	[hedongsu]
中国期刊网	210000	0	--	1	0	0	17:20:50	文学小说	[hedongsu]
论文发表	136000	0	--	1	0	0	17:20:41	新闻报刊	[hedongsu]
权威发表网(论文发表)	503000	0	--	1	0	0	17:20:08	教育培训	[hedongsu]
压滤机	143	0	--	0	0	0	17:17:25	企业商务	[yfdaifhc]
清扫器	298	0	--	0	0	0	17:16:50	企业商务	[qsqysy]
刮板清扫器	355	0	--	0	0	0	17:16:43	企业商务	[qsqysy]

图 7-9 网上种类繁多的互换链接

可以在知名的站长网站、论坛里混脸熟，再加入一些交流群，寻找有意合作者。先到对方的网站上仔细浏览，确定你是否需要这样的互换链接，再进一步确定合作意向。在互换链接时要注意几点。

（1）权重值 4 以上，最低标准也不能比你低。简单地说，权重值就是在给网站打分，分数越高越好，不能找一个"拖你后腿"的网站来进行互换链接。这是合作的第一标准。

（2）互换链接不宜太多，应做到选择精准。网友在上网时经常遇到一些网站上贴了各种 H5，只要是有空白的地方都会贴上链接，一不小心就会点进去。整个网页看起来混乱不堪，网友想要看的内容看不见，不必要的内容却一大堆。因此，首先要认真筛选好要放的链接。而且搜索引擎也很注重链接的相关度，不相关的互换链接会使网站的形象大打折扣。其次要互换和自己内容相符的链接，无关的链接没有太大的应用价值，也不会带来很高的访问量。

（3）时刻检查。如果互换链接已成功，就要在第一时间监督互换的链接是否有假、是否可以信赖。最直接的方法就是检查百度快照。在搜索某个网页时就能在右下角看见"百度快照"的字样，然后和网站内容做对比。如果两者的内容隔了一天是效果很好；如果隔了三天，代表效果一般；如果超过七天甚至更久都没有更新，那就说明互换链接没有什么意义了。

当然，百度快照只是监督的手法之一，有些网站的百度快照可能已停止工作了，这时可以继续查看权重值或是流量。流量大的网站代表点击人数多，也说明点击人数不会出现大幅度的下滑。把百度快照、权重值、访问流量三者结合起来，保证自己不会被"拖后腿"。

（4）专业审视。即使没有与编程相关的基础也能轻松做到。在打开一个网站后在页面上单击右键，就有一个"查看源代码"的选项，找到 nofollow 和 robots 的选项看看有没有设置，具体的方式和标准在网上都很容易找到。通过这种方式来判别是否值得进行互换链接。

总之，还是那句话，网站的质量是一切的前提，也是互换链接的基础。

网站质量好才有和人互换链接的资本，才能实现双方的共赢。

网盘外链：向搜索引擎上传分享文件

一些视频、音乐类的文件可能要占到很大内存，不一定有足够的网络硬盘或是固态硬盘来存储这些资源，但是可以通过网盘链接的方式获得大量资源。网友在网上搜索电影、音乐类的文件时常常看见一种网盘链接。网盘就是网络硬盘，我们可以点开网盘链接下载需要的东西。

网上的网盘种类有很多，如百度网盘、360网盘、115网盘等。这些网盘可以存储大量的内容，每种网盘都有免费的存储容量，超过的部分就需要付费使用。除去一些必要的文件需要存在自己的网盘外，其他的一些可以通过使用别人网盘的形式加入链接。而别人也可以从你手里分享走一些他自己没有的资源，和互换链接一样，互换资源。

登录网盘后就可以看见自己网盘里的内容，这时可以点击文件上的分享链接按钮，复制到任何想要分享的地方。网盘链接方便了网友在网站上搜寻资源，而且方便网友及时观看很多视频，多元化的信息体验能给网友留下很好的印象。网盘的插入其实也是在间接地收获浏览量。比如一部电影的资源可能不是人人都有，但是你的网站有，就会导入大量访问量。下一次网友很可能还会来寻找其他电影的资源，不知不觉中增加了自己网站的知名度。

在和别人交流网盘以及在网站插入网盘时要注意以下几点。

（1）要及时查看网盘链接是否损坏。链接损坏的原因是多样的，可能是由于网盘的付费时限到了，失去内容；也可能是网盘内的资源移动造成了链接不正确。

（2）及时更新。和他人交换的网盘资源，或是自己制作的内容，要及时更新到链接上，保证自己链接的新鲜度。当前的网络发展速度太快，一个关键词可能只存在一天，所以一定要及时进行更新。

（3）坚决杜绝违法违规内容。这是网站运作的底线。

新闻源：向新闻源网站大量投稿

新闻源，简单的理解就是新闻发出的地方、首次被转载的地方。新闻源网站有大量的信息等待着被发掘。新闻源网站不一定是指某一特定网站，只要这个网站发布了第一手信息，就可以这样称呼它。被广泛认可的新闻源网站如腾讯新闻源、新浪新闻源等。

大 V 向新闻源网站投稿的首选方式是链式的：在新闻源网站上发布了自己的新闻，各大媒体会争相转发，在新闻或是文章里加入自己所要推广的内容，推广效果随着被各大网站的转发而放大，而文章的出处（即新闻源）就是你的网站。这样，网友通过其他的网站最终发现了你的网站，加大了访问量。

如何做新闻源，也是各个大 V 关心的话题。发布新闻源的前提条件是，文章要具备高质量，这样才会被转载。而新闻源的文章有它自己的独特要求。

（1）排版规范。在上文已经阐述过了排版需要注意的事项，字数尽量在 800～1200 字之间，这个字数范围正好符合人的阅读习惯，能够具体讲明，抓住读者兴趣，又不会冗长。字数过多也会影响新闻源的收录。

（2）蹭热点。凸显核心，时刻不忘自己想要表达的是什么，主题要鲜明，将热点内容充分发挥。

（3）不要出现企业、人物的相关名称，甚至是符号也不可以。

在文章定稿后就筛选"关键词"，因为你的文章必定有一个大的主题，可能是推荐电脑的软文，可能是影评，所以一定要选择好文章的标签。

在网站"站长之家"上可以查看每日的关键词，也可以通过上文提及的百度指数来确定文章是否适合投送，避免造成冲突，之后再向选择好的新闻源投送文章。

在写作时还可以从相反的角度开始，即先从网上获取热点词汇，然后进行文章写作，最后再进行投送。这样的好处是可以明确自己写文章的方向，提高投送成功的概率。

博客论坛：今日头条、新浪、网易和腾讯等

广泛地从网上截取资源。各大新闻媒体的头条新闻、新闻资源等都有分享的选择，可以把链接很方便地放置在自己的网站内或是移动客户端上，丰富自己网站的内容。这些大型的新闻网站有其自身的优点。

（1）实时性。一个大V的能量再大，也抵不过一个团队的高效协作。比如腾讯新闻的团队都是传媒行业里的精英，他们的团队分布在各个行业里，打开腾讯新闻网就可以发现，它的新闻角度涵盖了社会各个方面，汽车、财经、政治等。这需要许多的员工在各个角落获取消息，而且要获得第一手消息。

大V在更多情况下是个人运营，即便有了团队也肯定比不上专业的团队，从这些新闻网上找到符合自己网站的消息，不仅快捷，而且更新时间也很快。

（2）准确性。不管什么网站，做大了以后都绝对要维护好自己的信誉度，要推送一条新闻，至少要保证新闻的真实性和准确性。所以大V可以放心在这些网站上转发新闻，不必分出精力去求证它的真实性。

（3）正确性。这就包括了政治正确性和角度准确性，要发布的新闻一定是要符合法律法规的。

大V在选择新闻时，角度要选好。同一个社会新闻，从不同的角度能表达出的含义也不同，最好是能结合当下的主流价值观来解读，网友也喜欢看。

所以选择这些知名度高的网站，寻找并转发新闻不会有后顾之忧。

文库外链：百度文库、豆丁等

文库和新闻有很大不同：前者是对某一个词的具体解释，没有任何的个人因素；后者是随机发生的、不确定的。两者要结合起来才有最大效果。

百度文库是一个开放的知识平台，它收录的绝大多数为知识性、理论性很强的文章，而且网友在上传后需要经过审核才可以发布，可以是论文、实验数据之类，内容涵盖了各个学科的各个方面。这样的知识库所有网友都可以转载和使用。

豆丁网偏向于阅读，并不侧重于新闻。包括杂志、办公文档、各个学科之类的读物，只要是偏向知识性的读物都可以在豆丁网上面找到。比起各种上头条的新闻，豆丁网显得更偏向专业性内容。大 V 在自己的网站里可以插入一些豆丁网的链接，让网友可以看到不同的东西，如图 7-10 所示。

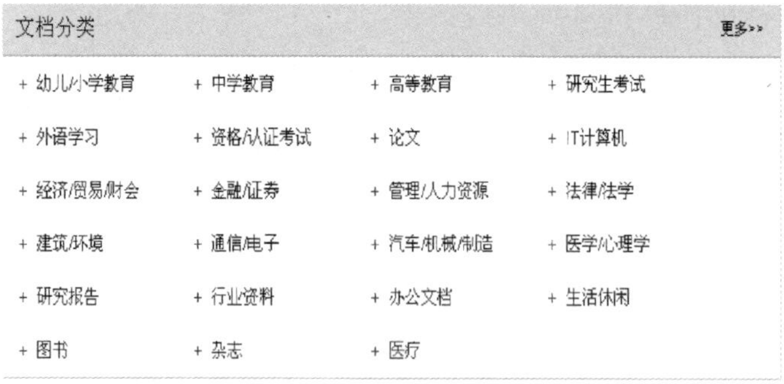

图 7-10 豆丁网的内容导航

这种类型的网站还有很多，例如前文提及的果壳网，让看烦了新闻的读者可以找些知识性的内容来阅读。大 V 可以加入这些网站的链接，加强自己网站的全面性。

问答平台：SOSO 问问等

问答平台在前文有提及，对博主来说可以用来宣传自己，在这里可以达到和百度文库、豆丁网一样的效果，加入相关的内容可以丰富网站的全面性。

问答平台还有一个先天的优势：可以加强网友与博主、网友之间的交流。问和答本身就是一种交流方式。当网友在网站上对看到的新闻、看到的读物产生了疑惑时，通过问答的方式及时交流，将会具有很强的阅读成就感。

第 8 章
盈利模式：大 V 的赚钱方式

大V获得的人气、积攒的粉丝，都要为盈利服务。虽然盈利并不是唯一目的，却是重要目的之一，而运营得越好代表着盈利就越多。

1. 大V利益链条：先赚名，再赚钱

名气是赚钱的前提，先把名气赚足再开始盈利。

用噱头，赚名气

在网络时代中，我们一直在接受各种信息的狂轰滥炸。小一点的信息很难再激起我们的兴趣，想要博得大量关注，有些人只好找些"猛料"包装自己。然而这些猛料不过都是东拼西凑出来的，并没有具体的意义。但对大V来说，能打出名气就够了，有了第一步的名气，才能有后续的一切。

想找个噱头，就要看你的想象力是否丰富，是否可以语出惊人。总之，只要能博人眼球的都可以。让人了解到你的存在，噱头的传播就像是一颗重磅炸弹在网上引爆，增加名气自然水到渠成。

借热点，多关注

如果一个热点出现了，如果这个热点和自己有先天性关联，赚取名气就像是"捡钱"一样。刘谦登上春晚舞台时，拿着汇源果汁变了一个魔术。为了证明果汁的真实性，喝了一口果汁，在无意间说了一句"嗯，好喝，汇源果汁"。汇源果汁看到了潜在的巨大市场，便开始借着春晚打响了名气。这之后汇源果汁成了不管是聚会还是聚餐的必备品，这个品牌也成了真正的大众品牌。

找到和自己有关的热点，趁机把自己推销出去，这时候是最有效的。

靠势头，搭台子

简单地说，就是给自己贴上"金标签"。我们去餐馆吃饭有时会看见一些明星就餐的照片张贴在餐馆的墙上，招徕顾客的效果也非常好。顾客看见有明星来光顾就说明这家店非常好，对顾客的吸引力非常大。

靠"僵尸粉"，刷不出影响力

"僵尸粉"，顾名思义，和僵尸一样只存在着一副躯壳，却没有内在的灵魂。这种粉丝账号一般是由一个人注册多个账号，然后集中关注某一个人的微博，点完关注后就可以放弃不用，而大V的粉丝数量也不会掉。

其实在微博或知乎上稍微留心一下就能发现这类现象的存在，在微博上翻开这些"僵尸粉"比较集中的主页，发现推文很少，而且能明显感觉出质量不高，但是粉丝数量却不少。或者是在知乎上，发现他们回答的问题很少，而且也没有多少人赞同，粉丝数量却很多，这些大V的主页就是"僵尸粉"的聚集地。

对个人来说，有一部分人只是为了宣传自己。在虚荣心的驱使下，通过各种渠道获得"僵尸粉",看着自己微博上粉丝数量比别人高出一个数量级,大多数人都会感受到突如其来的自信心。也有一部分人只是为了推销与自己有关的商品,或是用粉丝数量来打广告,营造一个口碑很好的假象。

对团队来说,或是企业,或是公关团队,让顾客看到自己的粉丝量,给人一种很有知名度的错觉。

本应安安静静躲在角落里的"僵尸粉",又因此而成了焦点:一系列的明星微博粉丝造假,大V粉丝造假,又让人想起了只会关注、不会互动的"僵尸粉"。某位著名主持人某天发现自己的微博粉丝突然涨了4万多,惊喜过后感觉到不太正常,就和粉丝一起讨论,果然,里面有大部分的僵尸粉,该主持人随即宣布关闭自己的微博,引起网友的一阵惊呼。

靠投机取巧是没有什么用的,在自己身上下功夫才是吸粉的正确方式。一些人在网上不断鼓噪:粉丝数是大V的唯一标准。越来越多的人认为粉丝数量就是一个大V受欢迎的指数。这些鼓噪的人其实是在制造市场,让许多人通过"买粉"的方式来增加粉丝。

其实,大V的实力和粉丝数量并没有直接联系。粉丝数量是一种形式,但也仅仅是一种形式。大V不应该陷入这种恶性循环:粉丝不够,花钱来凑;嫌出名不够快,那就用"僵尸粉"来凑数;如果哪天发现掉粉了,继续前面的方式。许多大V不是没有实力,而是迫于社会上的风气而选择了这样的方式。

对于大V来说,力争被多数人关注合情合理,但要时刻明白,实力才是硬性的标准。演员磨炼演技,歌手训练唱功,政客钻研政治,这才是吸粉之道。姚晨也一再表示希望可以慢慢摘掉"微博女王"头衔,踏实提高自己的能力,靠投机取巧、靠刷粉、靠炒作也许能火一时,但经不住时间的长久打磨。

2. 营销收入

必须要承认的是，大V投入的时间和精力会变成收入，有了收入才有精力继续做好大V。

广告分成变现

广告是最直接的名气体现方式。广告商投入广告，大V直接获得收入，获利方式简单直接。在选择广告时，大V要看好广告是否能接，避免不良广告对自己的负面影响，不要为了接广告而接广告。应有几点注意事项。

（1）是否符合身份。想象一下，一个时尚达人在自己微博上给建筑材料做广告，这样的广告谁会去看？时尚人士应该打的广告是衣服、化妆品这类。所以要选择与自己身份非常吻合的广告，一些与自己无关的广告一定要慎重考虑。但同时也有一些很容易被人接受的广告，比如汽车广告就可以被所有大V接受。

（2）是否是虚假广告。可以在网上搜一下，咨询自己的粉丝再结合自己的经验辨别真假。一则假广告就能使自己的名誉毁于一旦。

（3）是否是高端广告。其实是个互惠的过程，能够为高端广告代言表明你有了足够的名气，你的名气足够大也能带红一个品牌。比如，许多世界知名的品牌都是用巨星来代言，这对双方来说都是互利互惠的。

品牌合作盈利

比广告更进一步的合作，就是品牌式的合作。比如某个品牌的商品找大V代言，如果大V的广告能一直吸引消费者，那就可以得到该品牌的分红。或者是直接参与该品牌商品的制作，比如一些明星都会推出同名香水，这样既赚取了名气，也获得了收入。还有一种方式是大V直接参与品牌的扩大，参与商品设计和发售，成为品牌的一名投资人。这样的方式也很常见。不管哪种形式，大V与品牌间都能达到合作共赢的效果。

电商转化模式（直播卖货）

能够实现直播卖货，这应该是所有大V都梦寐以求的一步，把粉丝资源转化为市场资源。只要是能发掘粉丝资源的行动都会让人垂涎欲滴。

2016年淘宝"双十一"狂欢节，有三家网红的店铺单日销量突破了亿元，一天的销量堪比有些商家一年的销量。在淘宝直播100天的活动中，张大奕的直播有超过41万人在线观看，截止到晚上10点结束时，从晚上8点开始上架的"吴喜欢的衣橱"在两小时内销售额达到了2000万，每个成交单的平均价将近400元，也刷新了通过淘宝直播而达成的销售纪录。

从早上直播开始后，张大奕身穿自己品牌的服饰带着粉丝参观了设计工作室、仓库、工厂。在直播过程中不断试穿即将上架的新款服饰，用最直观的形式展现衣服的样式。然后继续推荐店里销售的配饰，给大家推荐搭配，效果很明显。本想只买一件的顾客看到了合适的搭配，就算每人只多买一件也会产生巨大的销量。在直播过程中，张大奕还给粉丝发放优惠券、代金券。

张大奕淘宝店铺在直播完时，其中一个单品的销售数量达到了10万件。张大奕为何能通过一个直播获得这样高的销量？

一方面是直播过程的简单直接。她带着粉丝参观工厂，给粉丝看衣服的整体效果，没有用其他的方式来吸引消费者，每换一套衣服就告诉粉丝，这件衣服是什么面料，有怎样的剪裁方式，应怎样搭配。而在工厂的参观也表明了衣服都是一针一线自己生产的，也没有用料不好、加工环境不达标这些问题。在材料间向粉丝展示了各种布料的特点，有的不吸水，有的不起毛，让观众看到了张大奕对自己的产品很有信心。

另一方面是直播前的预热。张大奕在直播前和淘宝团队做了很多准备工作，进行预热。这些预热工作让粉丝很早就开始期盼直播的开始。

电商模式不再是做好宣传、等待消费者上门，而是在和网络上的流行元素结合后，产生了"电商+直播"这种模式。比起以前的单纯靠宣传做广告，这种模式能更好地与有购买需求的人达成默契，广告自身融入了直播内容之中，收看直播的观众看到主播推荐的食物、服装、化妆品，慢慢对这些推荐的品牌产生好感。于是，直播经济变现到了电商经济上。

电商与直播本身有一个相同的属性，就是对网络的依靠。直播中发放的优惠券可以马上在店铺里使用，推荐与购买之间无缝衔接，省去了消费者要"货比货"这一心理过程，做到边看边买。

而且一些单价较高的商品也可以在直播时达成团购，降低到手时的价格。另一个巨大的优势是主播可以全方位地展现商品。衣物不只是平面图形，可以通过主播亲自试穿立体感受到；生活用品也不是看不见大小和效果的图片，可以清楚地看到主播的试用效果，完成一种"立体广告"的推送。

张大奕是"电商+直播"的代表人物，直播这个过程达成了原先营销模式中缺少的"触碰感"。当然，直播模式也不能一直使用，毕竟需要有稳定的团队，消耗大量的资源，但是可以和以前的电商销售模式互补，确定主播、商家、消费者之间的良好关系，满足新一代消费者对互动和真实的需要，打造一个更加便捷的电商模式。

3. 知识付费

音乐收费、书收费、视频收费，可以归结为一点，知识收费正在进入我们的生活。

会员付费："罗辑思维"打造铁杆粉丝

上文已经提过"罗辑思维"沿着雷军指出的道路搭乘了"会员制"这条"黄金船"。可看上知识付费、版权付费的不只这两家公司。

知识付费并非新鲜事物，只不过以前只是出现在出版业、培训业这些和书有关的行业。而现在互联网时代的知识付费要延伸到其他领域。在网友每天上下班的过程中，打开手机，或是打游戏，或是找个 APP 翻看，APP 就是下一个知识付费的领域。果壳网的创始人姬十三对此在接受采访时表达了自己对新一代知识付费的理解。

在传统的知识付费领域里，系统化的知识，符合大众需求的知识主要是书籍类，但这些都是"硬知识"，就和百度文库里的知识一样，不用经常怀疑它的权威性；但这些知识在网友看来却了无生气，没有活力。这时就需要一些"软知识"来服务大众，让网友获得一些更好的知识实践的总结、经验与体会，通过容易接受的方式获得硬知识，这就需要付费。

"软知识"的受众更广，它不再是以某个知识框架为核心，而是把各种分散的知识融合在一起，紧密结合当下的流行元素，变成门槛很低的输出物。而且不同于"硬知识"要花费大量的时间系统学习，"软知识"可以利用大众的碎片时间，比如出门时用手机打开 APP，空闲时看一点。

知识付费牢牢抓住了网友的心理，即需要付费观看的内容肯定质量是上乘的。精彩的内容吸引着网友付费观看，这就说明了知识付费已被大众渐渐接受。以《罗辑思维》为代表的脱口秀类付费视频得以迅速发展。

"罗辑思维"在推出的第一期会员制是这样的：5000 个普通会员，售价 200 元；500 个铁杆会员，售价 1200 元。这一步是对知识付费的首次尝试。从会员制开售起的半天时间里，等着看销售情况的人全部保持惊讶状态，会员全部售完，总收入 160 万元。

这就要说到罗振宇对知识的把控能力，首先是在视频里磨炼多年的演说能力，能让所有人接受的语调、节奏，配合传神的表情、动作，自然让人乐于听他讲故事，网友们自然也会买账。

为什么知识付费可以突然兴起，而且没有下滑的趋势？往大了说，社会发展了，中产阶级的发展需要文化来填充生活间隙。知识成了硬通货；往小了说，受众的素质水平在提高，希望发现除书本之外更多的知识来源，知识付费已向着成熟发展。大 V 在这个年代里一定要抓住机遇，享受知识付费时代带来的好处。

问答付费:"分答"让知识共享、盈利更多样化

经常使用知乎的网友都知道,在知乎上有一个"live问答"的板块,由大V提出一些问题,看网友对问题的反应。如果反响良好,就可以开启付费回答,所有报名的人一起来分摊总价,然后大V开始进行问题的回答。

而且这种模式还不止于知乎上。微博上也有付费回答的板块,不同的是后者可以自由发起提问,大V可以选择接受并收取自己回答的费用。

这种问答的模式推广面很广,任何年龄段的人都有自己的问题,小孩子在3岁左右时就能一天到晚问个不停。既然都有自己想知道的知识、想了解的问题,在可以接受的范围内,网友愿意付费去解决自己的疑问,具备相关知识的大V既能获取一点收入还能传播知识,各得其所,何乐而不为。

问答在知乎上的初步发展后,过渡到了直播时代。"问答+直播"的模式又成了一种流行元素,在直播平台上有许多各个行业的专家、行家参与直播。这些行家一般都有自己的粉丝,他们在直播平台上主要负责讲述某方面的专业知识。当然,在草根文化崛起的现代,一些有自己独特风格的学者也加入了直播,虽然表面上看来网友观看直播提出各种问题,主播可以直接回答也不用网友付费,但实质上,它还是一种付费问答的模式。

因为在很短的直播时间内,主播不可能解答观众的所有问题,这就促使了主播和观众在线下问答。这一部分就是付费问答了。通过前期的直播攒足人气,再到线下的付费问答,一直是主播拉近与粉丝距离、自己增加收入的重要方式。

大V可以把付费问答做得很夸张,回答者可以自己设定价格,在知乎或是直播平台上都是几元左右,网友都可以接受。回答者必须通过语音回答问

题，时间限制在 60 秒内。如果有其他网友看到这个问题时也想听一听，可以选择"偷听"，需要支付 1 元。而这 1 元可以由提问者与回答者对半分。也就是说问答双方都可以赚钱。

问答付费其实也是知识付费的一种方式。这些形式的出现说明了大众已经接受了知识付费。而对于大 V 来说，有知识，就代表有收入。

4. 虚拟打赏

网络社交从简单的文字到语音再到视频，最终出现了"直播"这种形式。这条产业链发展到现在已几近疯狂。

打赏礼物分成

粉丝给主播打赏的情况早已屡见不鲜，这直接说明了直播平台在网络时代的火热程度。网络主播的收入一直是网上热议的话题，经常看到"某某主播年入千万"的消息。主播的收入来源大致有以下 3 种。第一种是时薪。按小时支付主播薪水，根据每天直播的时间、每个时间段内的人数来确定每小时的薪水，人气越高，收入越高。第二种是副业。主播可以接广告，开自己的淘宝店，也是直播行业刚开始的主要收入来源。第三种就是礼物。这是主播的主要收入来源。网友在平台上购买虚拟礼物送给主播，在层层抽取后拿到分成，虚拟礼物的种类繁多，有上千的，也有免费的。

礼物根据价格的不同其分成也不一样。第一种是和"公会"绑定，在主要靠文艺表演的主播群中一般会组建有"公会"，主播接受公会的统一管理，如果是不出名的主播可以通过公会的大量资源来获得人气。一个售价为 5000 元的礼物"藏宝图"，主播能拿到 1900 元左右，占比 38%，这 38% 里还有一部分是公会给主播的提成，到手后再扣除个人所得税。一些价值不是很高的礼物，直播平台会与主播对半分，如图 8-1 所示。

图 8-1　某主播平台的虚拟礼物

另一种是以游戏直播为主的主播，价值不高的礼物也是和平台对半分，一些高价格的礼物主播能拿到 40% 左右。

虚拟货币分成

虚拟货币不同于礼物的提成，更多的是在一些网友看不见的交易中产生。大众对虚拟货币的最早认识应该是腾讯公司的"Q币"，可以在腾讯旗下的游戏、社交等运用中花费，购买虚拟货物。让学生群体不惜攒钱也要兑换的 Q 币可以开通 QQ 会员、各种带钻的增值服务，也可以在游戏里购买装备。腾讯公司的"帝国"内只要用 Q 币就能随便乱逛。

Q 币无法折现成人民币，这也是虚拟货币的性质：只能在网上流通。虽然在线下网友会通过现金的交易来换取虚拟货币，但是还没有直接可以转换两者的服务。

2017 年刷爆朋友圈的电影《加勒比海盗 5：死无对证》，在上映前就和虚拟货币惹上了关系，黑客黑进了迪士尼公司总部，盗走了还未上映的电影片源。之后黑客主动联系迪士尼公司，索要巨额的比特币，如果不支付，就每隔 10 分钟放出一段视频。这个事件一时间就把"比特币"带入了大众视野，如图 8-2 所示。

图 8-2　比特币

比特币不是随随便便就能用货币兑换到的。它的产生是依靠大量的算法，在精妙的 P2P 网络上产生，并且用各种复杂的密码来保证流通环节的安全性，所以没有任何机构和个人可以发行。而且和货币一样，它的数量是固定的，而且极度稀缺，总数在 2100 万左右。

在直播平台上的虚拟货币更多地体现在了虚拟礼物上。为了虚拟产品的美观性和直观性，虚拟货币一般不会直接交易，通过等价的礼物或是其他虚拟物品来交易，再和虚拟礼物一样参与分成。

第 9 章
微信公众号大 V

毫不夸张地说，微信是目前最大的社交平台之一。微信公众号成了大V的兵家必争之地。

1. 公众号大V属性

想在微信上成为大V，就必须打造一个知名度高的微信公众号，所以熟悉公众号的特点就很重要。

依托强大的社交和聊天工具——微信

从2011年发布到如今，微信已经拥有8亿多用户。腾讯在2011年发布微信前，已经用QQ征服了社交平台。后来腾讯还不满足于现有成绩，组建了一个7人的技术团队，研发一款可以把QQ用户都吸引过来的社交工具，团队仅用3个月就开发出了实验品。2011年1月时，微信在iPhone上试运营并大获成功。

大众看到微信很简洁，使用起来很方便，立即从其他社交工具上转移过来。微信带来最大的变革是交流方式的改变，语音甚至取代了文字而成为人们新的交流方式。

微信团队继续推出了改变社交工具的功能——"摇一摇"。这个功能使用了加速计和全球定位系统,用户晃动手机就能匹配到一位可以聊天的好友,让用户在使用中充满了惊喜和期待。这个功能一出现,发布后的首月使用量就突破了1亿。

再后来又有了朋友圈,红包、快捷支付等。这些功能接连出现,每一个功能都吸引了数以亿计的用户量,而微信公众号就是大V的新发源地。

一些很有想法、文采很好的大V发现微信上有巨量的用户,还有可以发布文章的公众号,这两者结合起来就有了巨大的潜力。在这股风潮的带动下,小有名气的大V纷纷开设自己的公众号,想尽办法自我营销。

透明性弱、关系质量较强

和所有聊天工具一样,在微信上你可以听见对方的声音,看见对方的照片,但不一定可以真实接触到对方。这样的优势就让大V可以放心发挥,不存在生活里被围观的困扰。这促使许多不善在聚光灯下发挥的人开始大量输出自己的文采和创意。

透明性弱的好处就是可以借助网络平台过滤掉不必要的因素。公众号"艾格吃饱了"的主创闻佳,每天的工作是寻找美食,发现美食,推荐美食。"艾格吃饱了"这个公众号,走的也是普通的营销模式,给人推荐、自己转发,但是没想到从那么多的美食公众号中脱颖而出,一夜爆红。究其原因还是"亲民",寻找一般人都能承受得起的美食,不管是高档餐馆还是路边摊,如图9-1所示。

微信公众号相较于其他平台所具有的优点是,上面不会牵连到你的个人资料,不会给人具体的信息,网友只能看到好的推文,而非大V现实的情况。

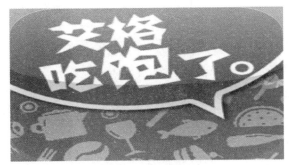

图 9-1　艾格吃饱了

微信公众号的火爆也就是依靠微信上能随意转发、随意推荐的功能。强大的链接关系促成了无障碍的传播，让大 V 能更顺畅地和粉丝进行分享。

以知识分享为主

观察一下微信公众号排名就可以发现，知识传播为主的公众号都排在前面。知识传播的范围很大，而且这里的知识指的是广义上的知识，介绍汽车、做美食、做数学题、科普都算是知识传播。这说明了知识分享型的公众号最受网友的追捧，如图 9-2 所示。

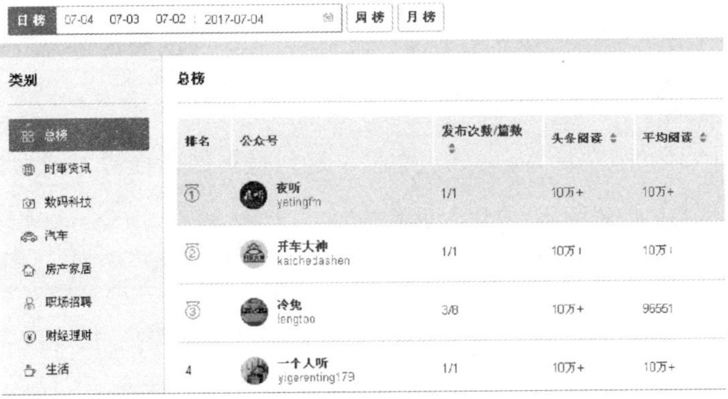

排名	公众号	发布次数/篇数	头条阅读	平均阅读
1	夜听 yetingfm	1/1	10万+	10万+
2	开车大神 kaichedashen	1/1	10万+	10万+
3	冷兔 lengtoo	3/8	10万+	96561
4	一个人听 yigerenting179	1/1	10万+	10万+

图 9-2　微信公众号数据

我们在排名上看到明星八卦、搞笑娱乐类的公众号也很多，但远不及知识分享类所占的比重大。其实很容易理解这种现象，八卦和搞笑娱乐类只能满足人们一时的乐趣，远没有知识分享类有内涵、有料的文章带给人以长期的影响。有些情感类、生活实用类的文章可以在生活中慢慢发酵，时间越长，越能体现它们的价值。

再者，微信公众号的内容主体还是文字，可以附带视频、图片和声音。这种形式也是知识分享的最佳形式，所以推广起来会很方便。公众号"果壳网"在移动端上的浏览要比网页版方便，它作为知识分享类公众号的"龙头"之一，吸收了100多万粉丝（此数字来源于作者交稿前的统计），这也显示出网友的一大特性，或者说是人类的本性：好奇心。当看见自己没见过的知识类别，一般都会选择点进去了解一下。许多公众号正是抓住了网友的这种心理，用一些新奇的知识来达到吸引人的目的。

当然，最根本的一点是要打磨好自己的文章，质量永远都是最重要的。

适合能持续输出知识的达人

有了知识分享的出发点还要有持久力。公众号的前期推广确实需要几篇质量超高的文章来获得关注，但之后呢？没有稳定的更新和质量怎么可能保证不掉粉并持续吸粉？

微信公众号"科技美学"的订阅量比"果壳网"还要多，达到了130万（此数字来源于作者交稿前的统计）。打开"科技美学"的公众号分析页面就可以看见公众号的更新频率，30天发文41篇，平均每天阅读量8.7万。这几个数字代表着每天至少要发一篇文章。而且，这只是框架推送量，因为公众号每次的更新都可以在主文章下面加载许多的附属文章，算上这个，一天可以达到5篇左右。

这样的发文量对于一个关于科技的公众号来说，输出强度非常大。点开公众号，我们可以看见发文的内容有手机评比、电脑评测、APP测试等，每一篇文章都需要花费一定的时间而且要具备相应的专业知识，才能得出结论。由此也可以看到主创人员的"疯狂"输出量。这也可以看出微信公众号更加适合一些坚持输出知识的大V来做。

2. 公众号大 V 养成方法

还是那句话，质量是根本，角度要新颖，选材要新奇，见解要独特。

丰富有趣的生活资讯

有关生活资讯方面的内容，就要看大 V 怎么选角度了。只要存在于生活中的事物，都可以成为备选题材。通过微信公众号的排名，可以看到以下几种内容最受欢迎，如图 9-3 所示。

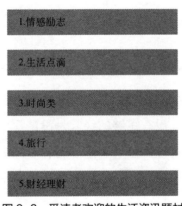

图 9-3　受读者欢迎的生活资讯题材

（1）情感励志。前面我们说过，情感类的文章很受人喜欢，不论阶层、性别；励志的故事也永远抢手，可以搜集别人的故事，也可以写下自己的感言。这两种类型的最大特点就是，大方向永远不会出错，只要是积极的故事就是好的故事。

（2）生活点滴。这个角度可以写的内容有很多。面向已婚妇女可以主攻一些生活小窍门，"如何快速剥蒜""冰箱怎样除冰"。这些文章看起来很简单，也没有多种多样的写作技巧可言，但是很实用，谁都会点开学两招。还可以描写生活中遇到的趣事、见闻，发挥自己叙事的能力，添加适量的自我感受的内容。

还有一类是宠物。这类题材近年来很火。养宠物的人越来越多，但是大部分人对宠物都没有那么了解。这类题材是读者很渴求的。另外，还有母婴类也是很火的话题。

生活题材类的特点是特别杂乱，只要能从生活中提取的素材都可以作为文章内容。

（3）时尚类。上文提过的淘宝卖家张大奕，还有网上很红火的化妆师雷韵祺等都开通有公众号。时尚类的公众号主要是以女性为目标受众主体，具体内容包括化妆和穿衣搭配两大类。在建立公众号时即使会包含男性时尚，也不要在标题里透露出和男性时尚有关的信息，最多起一个中性的名字。比如拥有70多万粉丝的"商务范"，里面主要是职场女性的着装建议，也会穿插一部分男性着装建议。

（4）旅行。很奇怪的是这类题材的关注量超过100万订阅量的大公号不太多。可能和旅游行业成熟的APP发展有关，做这种题材的公号大V需要具备相当丰富的旅行经历，没有足够的经验是没法写出好文章的。如果具备了一定的旅行经验，可以再加入一些当地美食、美景的推荐，并强调具体地点旅行的具体注意事项。比如在法国是要给服务生支付小费的，这是因为法国有专门针对此的法律。

旅行题材的灵活之处在于可以结合各界大V来写，比如某位爱旅行的明星，某位爱旅行的运动员。因为媒体对这些区域的报道很少，即使有也是简单一提，没有具体的内容。把大V旅行的具体内容写出来也是很有吸引力的。

（5）财经理财。这类内容仁者见仁，智者见智。最理想的两个角度是理财和故事。每个人的理财做法都不同，理财凭的是经验，所以在公众号里尽量避免主观的臆想，而应把经过时间证明的、可以使用的理财经验和故事写出来。涉及财务上的文章，误导读者一次，就会永远失去读者的信任。

即时迅速的热点新闻

时事资讯里有取之不尽的素材，时政新闻、社会新闻之类的题材可以从各种渠道获得。定时翻看一些新闻网站,关注政府官方的微博平台,及时了解一些热点新闻。切忌随意添加评论。最好的做法是平铺直叙地讲述新闻,避免对时政和社会新闻的主观评价。

追踪社会热点。社会上发生了一些有趣的事,可以马上报道,再配合引人入胜的标题,有很好的吸睛作用。

幽默搞笑的漫画视频

(1)幽默搞笑类。经历了主播、微博、知乎这些平台的发展,想要博得关注,大家都在想办法让自己幽默,让自己的文字幽默。简单的幽默形式已经满足不了读者的"笑点"。于是一些关注度极高的公众号另辟蹊径,寻找了新的思路。

首先是老故事的新解读,用流行语或是口语化的语言来解读一些名著,原本有些"老旧"的故事顿时焕然一新。比如六神磊磊对金庸著作的解读。还可以吸取外国的幽默成分,比如日式冷吐槽、法式的荒诞幽默,把这些外来元素融入文章里。也可以配合视频和图片效果,比如快手之类的秒拍软件最近很是火热,可以在文章中插入一些拍摄好的小视频,加强观看效果,如图9-4所示。

图9-4 日式冷吐槽

自己制作完成的幽默视频，如果时间很短，可以放在公众号里。如果是精心准备、拍摄投入大的视频，一定要寻求多平台投放，在视频里要设置好水印，加入自己的标识。幽默视频是所有网友都能接受的。

（2）漫画。幽默的漫画主要以简笔画为主，制作简单，但是需要作者自身的幽默感和强大的脑洞。

常规漫画需要作者极强的功底和创意。画漫画的人很多，但画出名堂的只是一小部分，所以在制作漫画时一定要有自己鲜明的特色。

原创前沿的评论见解

原创的最大好处就在于吸引第一波粉丝的能力很强，加上有趣的内容，就完成了第一次"圈粉"。

（1）数码科技。首先是电子产品风格各异、功能各异。每个大Ｖ评测完成后可以添加客观的评测结果，也可以从外观角度评说。这类视频的特点是可以大肆评论，大Ｖ可以明确地表示出自己的喜好。乔布斯引领的电子产品革命，产生的最大影响是让电子产品有了个性，也就是说有了它鲜明的风格。所以大Ｖ可以从自己的喜好出发，有人喜欢就多宣传；不喜欢就少宣传甚至不宣传。

科技发展类的公众号需要作者有很敏感的信息接受能力，而且要懂这方面的知识。因为科技涉及许多高深的学科和冷门的名词，在描写时尽量不要从学科的角度出发，而是要用一种新奇的高科技产物引出。比如无线充电技术，先把无线充电技术的产品写出来，再慢慢引出无线充电技术。如果把枯燥的学科知识放在前面，会让读者阅读起来感觉很吃力。

（2）明星影视。主要是明星八卦和影评推荐。明星八卦的来源只能通过职业记者，而且八卦的传播速度很快，消失得也快。除非是相关的从业人员，一般的大Ｖ很难获得第一手信息和极快的更新速度。不过明星轶事、成名史、感情史这些明星背后的内容可以深度挖掘，粉丝看到关于明星的故事时会很感兴趣，不需要刻意推广也能获得大量点击率。

影评和电子产品评价一样，大V在自己的公众号可以随意发表自己的见解。电影毕竟是艺术产品，好坏是无法明确划定的。在影评中一定要有自己强烈的个性，千篇一律的影评只能说明这部电影的主流评价是什么，对读者没有丝毫的吸引力。推荐电影在网上扎堆出现，可以选取不同的角度推荐，比如"最应该拍续集的电影""译名最好听的电影"。

（3）餐饮美食。和影评一样，有自己强烈的喜好，而且一定要表现出来。影评的写作需要观看大量的影片。美食也一样，但是要比看电影花费更多的时间精力，所以要慎重对待，没有尝试过的尽量不要写。电影只看一遍就可以不看，但是对于美食可能会去多番尝试，所以一定不要偷工减料，不然肯定会给自己、给商家、给读者带来负面影响。

3. 公众号大V盈利的几大模式

说好的攒人气终于攒足了，那说好的盈利呢？

软文广告："天才小熊猫"藏在皮毛里的技巧

网名为"天才小熊猫"的张建伟，身上带着许多光环，其软文广告堪称文案界的传奇。他的出名方式也很特别。

2010年时一段简单的Flash动画几乎"病毒"式地侵占网络。背景是电脑屏幕的右下角，我们在使用电脑时，右下角会有很多图标排列开来（当时是Windows XP系统，图标一字排开）。然后在屏幕上打上这些图标的对话，对话内容荒诞不经，还配上各个软件在当时爆出的新闻，先是在贴吧里被人转载，然后在各大论坛、网站上流传。影响的余波仍在延续，网友们模仿这种手法制作了其他图标的对话、手机APP的对话，都被人疯狂转载。

"天才小熊猫"的那条阅读量过亿的广告，后来成为文案界的模板。他

的广告采用了很个性化的方式,用图片加文字描述的方式,一般会放置许多的图片,构成一个完整的故事。广告是这样的:

　　主角买了一部新手机,看到自己的猫时,突然想到是不是可以用猫的脚掌来进行指纹识别。主角立马验证自己的想法,结果可以使用。但是在睡觉前也没有把指纹识别换回来,充电器也没有插上。结果第二天早上,主角只好带着猫去上班,期间经历了被地铁工作人员拦截(地铁禁止带宠物)、被出租车司机嘲笑、被公司人员围观、尴尬地完成演讲这一系列情节后得出了结论——千万不要用猫设置手机解锁密码。这也是这篇广告的标题,如图9-5所示。

图9-5　用猫爪录指纹

　　与前文我们介绍的广告插入方式不同,文章一开始就把商品摆出来,读者看见商品后会继续看下去。因为这时读者的注意点不在这个商品上,而是即将要发生的荒唐故事。这样处理的好处很大。

　　首先,没有经验的读者通常不会识别出这是广告,读者会发现这是一个好故事,然后相继转发。这就是所谓的软文,读者自愿转发,作者坐享其成。其次,和商品的关联度,有些广告只是很别扭地引出商品,而"天才小熊猫"的广告把商品和故事融为一体,故事就发生在商品上。

　　故事的剧情曲折,充满意外。在"天才小熊猫"的广告里,读者能感受到作者很大的脑洞,把自己定位成一个"逗比",自娱自乐。每篇文章都在一本正经地胡说八道，用正儿八经的语言描写一个荒诞的故事，产生强烈的反差效果。而且故事的剧情也常常出人意料，看到开头，却猜不到结尾。这种感觉和读悬疑小说一样。

不只打广告，还要介绍商品。看似是故事需求的情节设定，却恰恰是商家希望能突出的商品介绍。比如：在开头就告诉读者，这款手机拥有指纹识别功能；充电的情节暗示了手机的续航能力强，可以保证两天的正常使用。文中的图片从不同角度展示了手机的外观，如图9-6所示。

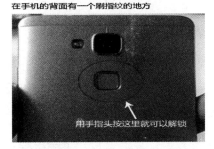

图9-6　无意中介绍了手机

通过这几种不显山不露水、藏在毛皮里的手法打造软文，提高了商品的植入空间，让读者乐于接受，减少了广告带给人的厌恶感。

广点通：文字链接广告位，以点击计费

广点通是腾讯公司开发的社交核心数据处理技术，它通过对社交软件用户的记录、分析、计算，寻找出读者的标签，通过读者的交流他们可能给读者贴上爱猫、跑步、考研等各种标签，然后再针对读者的标签来投放广告，如图9-7所示。

以往的广告都是采取"人海"战术，用投放量来增加效率。但是广点通是根据读者的需求来投放广告的，商家可以减少广告的投入但是效率却得以提高，读者也不必再看见铺天盖地的广告，避免所有广告都堆积在眼前。

图 9-7　广点通

7 天连锁酒店（以下简称"7 天"）就是广点通的受益者，在广点通刚刚推出时，"7 天"尝试着投放广告，每天的广告曝光量超过了 400 万，而且带动了大量的会员注册，手机客户端的点击率也一度大幅上升。而且广告的花费只有其他方式的 50%。

广点通的应用不只在社交软件上。其实我们浏览网页时经常发现在文字旁边有些小的链接，上面会出现我们感兴趣的内容。比如一个读者昨天买了一副耳机，今天就会在网页上看见一则耳机的广告；或是几天前浏览了淘宝服装店，今天就能看到许多的服饰推荐，而且还是自己喜欢的风格。

大 V 在公众号里怎样投放广点通链接？上一段提及的在文章中插入是一种方式，但是不只是卖书，也可以卖服装等。可以在文章的边角处放置。既然广点通与自己的文章内容有关，为了达到最佳的效果，可以事先联系好商家，或者是自己开微店、微商城，最大化地转化自己的收益。在下一节会有关于微店、微商城的介绍。

在投放广点通时也要注意以下几点。

（1）图片与文字的关系。在微信上尽量不要放置图片格式的广点通。公众号文章的区域相比电脑网页要小许多，图片多了就使页面整体看起来混乱不堪，文字不宜太多，能够说明链接的作用就行。当然，如果放置了图片也要配上简洁的文字说明，至少让读者明白是什么内容。

（2）筛选。在投放广告前，在广点通上保留着用户的习惯数据，可以进一步选择年龄、区域、化妆指数等各项内容。有些大 V 在投放前把这些选项也考虑进去了，这完全没有必要，广点通已经对用户的习惯进行了非常细致的分析，分类已经很细了，继续加持选项只会加高投放门槛，没有什么意义。

（3）大V给商家提供广告位或是给自己打广告都不免会担心效果，想着先投放几天看看点击率的情况，如果没有什么起色就立马关闭。此处给出建议：尽量不要随意关闭，用户的点击率不可能在刚开始就疯涨，必定会有一个循序渐进的过程。

VIP 用户收费：打造更顶级的圈子

微信公众号推出了一种"会员卡"服务。在之前的公众号里，大V投放广告来赚取广告费，商家靠广告吸引消费者来提高利润，或者是大V和商家合为一体。但在公众号上面对所有网友并没有区别服务，同时商家自己的公众号也只是起到了一个宣传作用，没有其他功能。但是，会员卡的出现改变了这一局面。

公众号的运营者可以在公众号管理平台上设置开设会员卡服务，网友可以通过关注公众号来获得电子会员卡。这对商家和个人来说都有意义，如图9-8所示。

图9-8 微信会员卡

对商家来说，不管你的店铺主营是什么，只要是实体店铺就需要人来光顾，尤其是餐饮类。没人来光顾，广告做得再好也没用。一个消费者成为公众号会员就可以即时获得许多优惠和店铺的打折信息，比如优惠券和积分。消费者平时在超市购物时就有用会员卡攒积分的经历，运用到公众号上就成了商家促销的重要帮手，也是店面与消费者保持长期有效互动的方式。

商家通过电子会员卡上的详细信息，能更有效地掌握消费者的偏好和习惯，分类推送不同的活动。这个思路和广点通一样。店铺要是上了新品，不用花费时间去找人宣传，只需要在公众号上写个文案就是最好的宣传。

消费者在获得会员卡后就可以参加许多公众号自带的福利活动，最受欢迎的活动有抽奖和优惠券。

微信拥有10亿的用户，每个用户都是会员卡的潜在持有者。会员可以分享给朋友，分享到朋友圈、微信群。这种朋友间的传播，有很高的可信度，会员的转化率也很高，商家不必投入太大的成本，就能收获很好的营销效果。消费者成为了会员的同时也实现了店面和消费者之间的软件对接。

金逸影城率先尝试了会员卡服务。该项服务上线120天后，金逸影城的累计会员卡使用量将近6万，每天会员卡的发行量在500左右。在电影《007：大破天幕危机》的零点首映前，公众号发布了会员享5折优惠的消息，预热过后随即开始售票，1小时内在公众号上售出了将近700张电影票，给金逸影城带来约2.6万元的收入。方便、快捷、实惠的会员卡，效果要比其他形式好太多。

比金逸影城还要疯狂的是金凤呈祥。微信会员卡功能开启100天时，其微信会员人数达到了16万，会员卡的使用量达到了27万，会员卡每天的发放量在1700张左右。看到庞大的会员量后，金凤呈祥又推出了新会员满20元减10元的优惠券，几天之内到店铺的消费者人数超过6万，使用这个优惠券带来的销售额达120万元。这是普通的会员卡和电子广告远远达不到的。

在微信上的一些高端商家还开设了收费会员制，享受"高级VIP"带来的福利。

靠微店、微商城转化利益

基于前文中提到过的广点通、会员卡这些促销方式，大V自己开店就能把收益最大化。大Ⅴ看到自己的推文给别人带来了巨大的收益，肯定都想尝试，而且自己的商品由自己销售有着很大的优势，自己了解商品，文案写得会更好。说得更直接一点，毕竟写好文案就意味着自己能赚到钱，大Ⅴ肯定会往好的方向写。

微店、微商城不同于开设淘宝和实体店铺，它是由个人申请注册就可以开启的一种APP式的店铺。和淘宝上的店铺一样，结合上文提到的各种宣传方式来增加销量。

做服务、在线教育培训吸金

在线教育其实是服务业的一个分支。传统服务业最主要的功能是与客户沟通，产生联系，解决问题。许多行业以服务业为出发点，逐渐成为一个独立的产业，最典型的如售后客服，在线咨询等。在线教育和传统教育行业的不同之处在于平台的不同，而且在线教育的内容非常宽泛，只要是提供学习的内容都可以。

大Ⅴ可以通过微信来发布学习信息，微信用户对内容进行阅读、学习，比起以往的知识传播方式，不受时间和场所的限制，有极好的便捷性和极高的效率。结合微信上强大的功能优势，可以产生许多的新功能，如线上预习、线上复习、线下互动讨论。从大Ⅴ的角度讲，可以有效地看到学员的信息，分析学员的学习效果，调整教学策略。

微信另一个功能的更新，使在线教育有了极大发展，即微信直播功能的开启。对于大Ⅴ在微信平台的运营，公众号推广、品牌展现之类早已被人熟知，文章的主要形式还是文字和图片，视频较少，而且也没有实时性。直播功能上线后就代表着有实时性交流的能力，使得优质教育资源能在第一时间得到发布和分享。

微信直播也适时地开发了在线教育的专区，在专区里面可以看到名师讲坛、精选课程、随机试题、在线读书、在线直播这5项内容。在线直播也入性化地推出了正在直播、录播回看、打赏评论这些内容，如图9-9所示。

图9-9 在线教育客户端

微信上有一个叫"思享空间"的公众号，其标签是：年轻人的思想交流地。该公众号曾经开设了300多场讲座，创建了800个微信群，讲座的内容包含了创业、留学、理财等繁多种类。这个公众号算是微信教育的"试金石"。在这之后，各种类型的教育公众号开始频繁出现，当下最火的"插座学院"，在各种社交平台上拉拢学生，而其推文的阅读量也很大。大V想要涉足这个吸金领域，要提前做好以下准备工作。

（1）构建主要阵地。微信公众号肯定是第一阵地，是收获粉丝，招揽学员的主要来源；也是信息发布，展现思想的主要平台。公众号的关注度越高，在线教育上的人就越多。

（2）展现讲座效果。在公众号上定期发起讲座预热，展现上一次的讲座成果，招收自己的学员。

（3）巩固学员。在公众号上有些粉丝因为一时的兴趣关注，但是热度退却后，不太情愿参与讲座。所以在发起讲座之后，要立即建立微信群，把握住粉丝的热度。动员粉丝把讲座的消息转发，集赞，设置好奖品。奖品可以是免费的讲座位置，也可以是实物奖品。这些举措既把握住了粉丝的热情，也是在帮自己宣传。

（4）地点选择。在线上直播和线下地点之间选择。如果人数很多可以选择线上直播，毕竟能容纳很多人的地点不方便找，而且花费极高。线上直播的便捷性能最大程度地吸引粉丝。

（5）大学城。这是在线教育的金库，一定要和大学城做好沟通。一，大学生是最大的受众群体，能发掘出许多粉丝。二，在校园里具有地理位置上的优势。线下开设讲座时，有些粉丝离得较远不方便来。而在校园里几乎没有这个问题，而且大学内部的大型阶梯教室可以满足对场地的要求。三，是人力资源上的优势。做在线教育，大V自己一方是肯定忙不过来的，寻找学生和老师来帮助自己也是极其方便的。

开设线下讲座更多的还是为线上直播招揽粉丝。知识是硬通货，尤其在社会竞争压力下，人对知识有着极高程度的渴求。4G网和wifi的普及，让观看教育直播的粉丝不再受困于"烧流量"。大V们在吸收了粉丝后就可以慢慢地考虑盈利。

（1）以免费为主导。要吸引学员，刚开始要放出足够的干货和资源，粉丝看不到你的硬实力，一切都没有意义。微信上的小部分收费功能可以象征性地收取不高于3元的费用，根据腾讯的流量报告显示，不高于3元的收费机制是最易被人接受的。

（2）推销实物。可以卖很多东西，以书籍、视频资料、选题为主。实物内容可以是自己的，也可以联系好其他商家，扩大销售范围。

（3）深度课堂。在有了粉丝基础后，用会员制的模式来进一步授课，有些人希望听到更深度的讲解，可以为这部分学员开设收费教育。大V与学员各取所需，既有教授效果，也能提高收入。但是要把握好一般性内容和深度内容的界限。

（4）直播时的打赏。和其他平台直播时会有虚拟礼物赠送一样，这部分收入虽然不稳定却也是一项收入来源。大V可以考虑平台直播，除了微信平台外，可以选择一些主流的直播平台如斗鱼等，把粉丝带入这个平台。

随着微信用户群体的只增不减，直播平台的日益成熟化，在线教育在很长一段时间内都不会失去热度。

卖给 VC，获得融资

2015 年蔡跃栋带领的"同道大叔"团队被美盛控股以 2.17 亿元收购了 72.5% 的股份，"同道大叔"团队进账 1.78 亿元。很多读者开始疑惑为什么一个团队值这么多钱？这里的主角是美盛控股，它是投资行业的代表。

Venture Capital，简称 VC，即风险投资。某一个团队或个人手里有大量的资源或技术并拥有使其转化为利润的潜力，却没有足够的资金去启动。有些握有大量资本的机构或个人想要参与投资分红。双方都在寻找合作方。但是前者的能力是否值得肯定，是否有足够的潜力？这时候后者决定赌一把，参与前者的投资。这就是风险投资，如图 9-10 所示。

图 9-10　风险投资（VC）

看到"同道大叔"团队摇身一变成为亿万富翁，大 V 都在思考如何能获得投资人的青睐，把自己的小品牌做大。当然，能走到这一步时，说明你已经成为大 V，是微博大 V 也好，是公众号大 V 也罢，拥有了巨量的粉丝，有稳定的作品产出。这些都是前提，只有在做到了这些后才可以开始考虑如何获得融资。

（1）估值。这是能不能获得投资的门槛，先找咨询师估值，再客观地把自己手头的资源整理好，明确最低能有多少价值，但是不要泄露。在面对投资者时做到心里有数。投资价可以慢慢提升，找到合适的价格。

（2）找好VC。大V为了保证自己的投资最大化，同时要和几个VC洽谈，但是不要透露和其他VC谈判的消息。因为投资圈比较小，VC之间多少有点联系，如果参与谈判的几个VC互相之间认识，他们可以合作压低价格，让你不得不接受。从VC的角度讲，当他们找到一个好的投资点时，也不会随意宣布。

选VC公司时要特别留意他们投资过哪些人、哪些品牌。一般选5个左右的VC就足够了，太多了得不偿失。在接触VC时也要保持对人的了解，关注投资公司或是个人的微博之类。

选择一流的VC公司，不管是从可靠度还是名气来说，都非常重要。如果在完成了第一次融资后可能会有第二次的融资，顶级的VC可以保证你的过渡期顺利完成。

（3）把握时机。热点来得快，去得也快。理想状态下，一旦到了你预想的巅峰时期时就应该获得融资了，而且要把握好当下的行业发展，不景气的情况下，还是避免融资为好。

这只是简单的策略，具体的细节需要在咨询机构的辅助下进行。大V最好是能时刻关注融资的动态。

除了VC，还可以借助天使投资。天使投资和VC的不同之处在于，前者强调的是技术和理念且由个人投资，主要是产品的革新、新科技应用这些方面。

所以大V在审视自己的资源时应该认真考虑用哪种模式，自己的资源是以技术、理念为主，还是以粉丝经济为主。找好定位之后再选择合适的融资方式。

4. 公众号大V案例

方法再多，不去亲手试试也没什么用，看看这些大V是怎么做的。

无锡百草园书店：从几千粉小号到百万级大咖

书店能搞出什么名堂？刚开始时一直有人质疑无锡百草园书店这个 7 人的团队。这个团队组建后，目标很明确，在微信公众号上做文章。结果两年多的时间内，公众号订阅量从最初的只有几千上涨到了现在的 120 多万。每天 8 条推文，肯定有一条推文阅读量过 10 万，书店每个月的流水账有 30 多万元，没有"僵尸粉"，没有虚假含量。团队从细节做起，步步为营。

无锡百草园书店开设于 1997 年，在 2014 年公众号运营之前，几乎把各个时期的危机尝了个遍，没有资金时的居无定所、网络时代电子书和电子商城的崛起对它的冲击。不过它还是坚持了下来，在公众号成立后焕然一新。

（1）在公众号上保持老店特色。书店创立之初就保持着每周进行一次读书分享会的传统，与会的有作者、读者。大家一起分享一些自己发现的好书美文，读书分享会是所有人放松的机会，每个人都能安静享受书带来的安逸。

团队从刚开始就明白这个读书分享会不能抛弃，而且要扩大影响。想来想去，他们想到了公众号的优质：属性。通过公众号推送读书分享会的内容，让一些来不了的读者不会错过精彩。以前读者想要把读书会分享给别人，却苦于无法传播内容，有了公众号就能很好地解决这个问题。

忠实的读者不断转发内容让其他人看到，书店慢慢积攒起了第一批粉丝。受到读书分享会内容的吸引，第一批粉丝都会在线下参与读书分享会，进一步被吸引，又进一步转发。粉丝团体越来越大。

（2）力求简单，只有简洁。喜爱读书的群体有其社群性格，即越简洁越能被人接受。

书店公众号上的内容每一篇的排版都很简洁，没有多余的图片，标题也没有过多的设置，只是简单地表明内容，偶尔插入的视频也是简洁的拍摄风格。

书店内部的装修也很简单大方，没有大幅的海报，书籍码放整齐，也没有在书架上贴上推荐书、畅销书一类的推荐语。

（3）微信互动。及时回复粉丝的留言、和读者在微信上畅所欲言，把商人与顾客的关系变为了朋友关系，加强了粉丝的向心力，而且粉丝发现了什么问题，能马上告知团队，书店在第一时间解决。并且书店有了什么新书也会在第一时间通知粉丝。

当然，线下的互动也延续了微信互动的风格，团队和读者发短信，在书店里聊天，打电话问候。这里慢慢地变成了读者的一个家，线上的效果逐渐延展到了线下。

（4）电商。说到本质上，微信公众号的开设是为了卖书。团队马上开设了网上售书渠道。其实对大多数读者来说，比起逛书店，更愿意在网上购买，既节省时间，也很方便。团队了解读者的习惯，在开设了网上商城后，每个月都有30多万的销售额。

当然，会员卡这一模式也被团队拿来使用。微信粉丝在看到会员卡开始发行后，纷纷加入，经常买书的读者享受着优惠，新加入的读者也能体会到书店的热情。

（5）坚持优秀品质。团队在公众号上推送的每篇文章都经过了精心打磨，让粉丝看到的是艺术品，保证不会因为文章质量而掉粉。在书籍质量上也是严格把控，书店销售的所有书籍都必须是正版。

百草园书店的微信团队在营销策略上也如上文描述的那样综合了多种方式。具体来说，形成了一个成熟的流程：先写出优秀的推文，再吸引粉丝、制造粉丝经济，同时继续维持好公众号质量，形成一个良好的闭环，如图9-11所示。

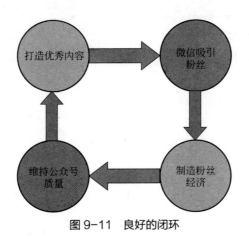

图9-11　良好的闭环

无锡百草园书店的这种模式还是很值得借鉴的。

朝夕日历：靠分享卡片活动净增 6 万用户

日历只是载体，社交才是主题。这就是公众号"朝夕日历"的性质。常规的和时间有关的软件、APP 都是通过人工智能、高级算法来帮助用户管理时间，提高生活质量。"朝夕日历"的出发点也是这样的，但它跳出了自身性质的约束，把自己推向了更高的层次。

"朝夕日历"的公众号在开始运营的几个月后，在北京举办了一场名为"班长带我出门嗨"的活动，用了不到一周的时间，订阅量增长了 6 万，让其他公众号主创人员眼红不已。活动的举办时间选在了中秋节的前一周，运营团队在北京的 30 多所高校里举办活动，公布了活动的最终奖品，选出 3 个班级免费集体出游，结果 1000 多个班级开始激烈争夺。活动的奖品非常丰厚。但是最开心的是"朝夕日历"运营团队，收获了大量的粉丝。团队精准地把握了活动的每一个细节，如图 9-12 所示。

图 9-12 "朝夕日历"

（1）选好线下活动时间。团队发现，公众号的订阅人群里绝大多数是高校学生，在学校里开展活动要比在校外容易得多。

这次活动出游时间安排为 2015 年 9 月 19～25 日，这个时间段正好是中秋节和周末，大部分学生不会选择回家而是出游。加上 9 月份正好是新生入学月，大一新生都想到校外游玩，班级内部也希望通过一次活动来帮助同学们了解彼此。

活动的开展时间也选得恰到好处，选在了中秋节的前一周，而不是临近中秋节的一周。因为在中秋节的前几天，必然是各种旅行社、出游交通公司、各类游玩地点的宣传高峰期，提前一周就避免了时间和交通上的冲突，不会让其他营销活动分散学生的注意力。

这两个做法的好处在于，减少了时间成本，避免了活动冲突。许多公众号在举办线下活动时都希望能在粉丝行动前一刻做好安排。其实，先入为主的方式更能把粉丝带向自己期望的方向。

（2）革新活动渠道。"朝夕日历"的活动规则是这样的：每个班级制订一个出游计划，然后邀请好友投票，票数多的班级获胜。活动流程是这样的：如果你在活动现场或是手机上要参与活动，就会得到一个二维码卡片，扫描二维码就可以关注和参与投票。这个流程看起来很简单，其实背后的设计很精妙。

① 首先是二维码的形式。放在现在，大街小巷都可以用二维码支付，但是在2015年，还是二维码的发展期，而不是成熟期。那时的公众号如果要进行投票活动，要先搜索到公众号，然后关注并进入公众号里找到要投票的对象，然后投票。这样的方式肯定比较复杂，所以公众号团队全部换用了二维码的投票方式，扫一下码就可以完成所有操作。简化的流程让投票人数大增。

② 二维码的吸引力。从"朝夕日历"公众号上线开始，各路大V、商家、团队开始疯狂投放链接，微信用户早就对营销链接麻木了，而且泛滥成灾的推销还让人起了排斥心理。于是在看到新兴的二维码可以用来投票时就有了新鲜感，想通过这种方式来参与活动，有些用户也仅仅是为了体验这种方式。但不管怎样，订阅量增长了。

③ 呈现内容。如何把公众号的内容呈现给大家一直是营运者头疼的问题，点开公众号翻看是需要时间的。而且要在第一眼提起读者兴趣又很难。在二维码之前，链接的方式会把这两个问题放大，但是用二维码的形式，可以在扫描后马上看到一个立体的公众号，图片、简介各种内容都放置在了一起，大大提高了参与者的兴趣。

（3）革新活动方式。活动宣传的另一个大方向是发传单。即使到了现在，发传单还是实体宣传的主体。"朝夕日历"准备了3万张传单，平均每个高校1000张，为了达到最佳宣传效果，传统派发传单的方式肯定行不通，团队决定采用新方式散发传单。

所有的发传单推广人员都必须在本校选取，而且要进行充分的培训。本校学生对自己学校很了解，知道在什么时间，什么地点推广能达到最好效果。而且在推广人员里有许多的社团社长，他们发动自己手里的资源，也能增加推广效果。在对推广学生进行培训的时候，明确说明活动的目的、特点、流程，鼓励学生通过自己的社交平台来推广。

革新的核心是绩效奖励制。一般的校外发传单，只要工作时间到了就可以离开，没有其他的额外奖励。"朝夕日历"团队除了支付按天计算的薪酬外，还会根据推广效果给予奖励，而且不是单人的奖励。团队统计出每个学校的参与人数，参与班级。参与人数越多越好，就可以给本校的推广人员发放额外薪酬。所以一个学校里负责推广的学生都会想办法提高推广效果，而活动的参与人数自然会很多。

（4）合作共赢。"朝夕日历"的公众号虽然收获了大量的订阅，但是如何把活动的后续完成呢？搞旅游不是他们的专业范畴。团队马上在公众号上发布消息，寻找合作方，而且把自己的微信订阅量摆了出来作为资源展示。思维敏锐的人都知道这是巨大的资源，于是团队马上和北京大学旅游联盟建立了合作关系。公众号的作用此时就体现了出来，仅靠订阅人数就很好地解决了找合作方的问题。

一系列的公众号运营新思维和运营能力帮助"朝夕日历"团队创造了6天6万订阅量的神话。

第 10 章
微博大 V

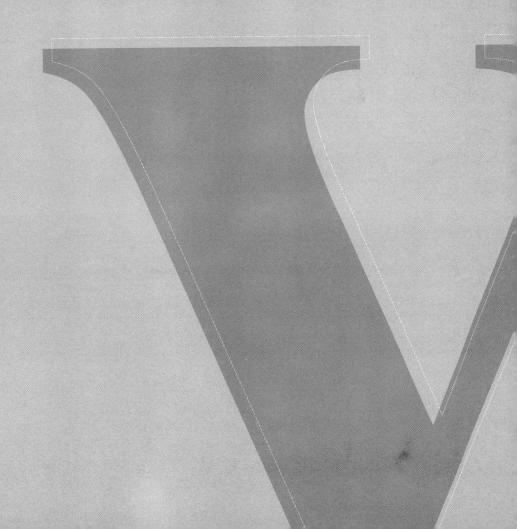

微博在显示大 V 个人魅力方面的作用是最强的，在展示视频的能力上也胜过其他平台，其重要性不言而喻。

1. 微博大 V 属性

微博是大 V 的集中产地，想成为大 V，也要打造一个粉丝数量极多的微博。

透明性强，关系质量弱

微博和微信正好是相反的两个方面。微信承接的是社交平台的基因，微博虽然是社交平台，但传承的是媒体基因，所以两者的性质不太相同。微信是聊天工具，主要强调的是交流，是以话语为联系，在语言上建立起了很强的关系性，透明性弱。微博的交流方式是以博主为主导，博主展现给读者自己的生活动态，以展示为主，所以透明性强，关系质量弱。

从用户注册的角度也看出了微博的性质。微博用户申请成为大 V 时需要提交很多的内容。申请者必须是某个领域的名人，提供非常准确的身份说明，提供详细的联系方式，提供能证明自己身份的复印件。这样的审查力度就表明了大V是要以非常正式的姿态展现给读者的。

微博上的交流很少，主要是大V和各个网友的单向交流，是一种立体式的传播影响方式，也就是大V把自己的信息散发给读者。

互动性较强

所有和社交有关的平台都要涉及互动。互动和交流是不同的，交流是在表达自己的想法，而互动是要让双方都参与到一个活动中。微博大V发了一张照片，接下来就是粉丝评价照片发表自己的想法，大V评价粉丝的留言也发表自己的意见。这两件事有什么共同点？都是在参与评价照片的活动，这就是互动性。或者是大V和粉丝一起在微游戏里玩游戏。交流的本质并没有改变，而且通过参与同一件事而达成了默契。

前文多处讲述了互动的重要性，对大V来说，互动就是增加粉丝量的发动机。而增加互动性还需要靠稳定的运作。

（1）竞猜式推文。发布一个有争议的话题，让网友来参与讨论，比如火遍网络的"裙子是蓝黑还是白金"的话题，先是一个美国网友在自己的社交账号里发了一张照片，说是白色和金色相间的裙子，可是她的朋友坚持说裙子是蓝色和黑色的，她们都觉得自己没错，争执不下是把照片放在了网上。又让网友掀起了第二轮争辩，最后戚薇把这条争论的消息转发在自己的微博上，争辩就此拉开。

大V争相转发这条微博，其中一部分的原因是兴趣；另一部分原因是要把网友吸引过来，让网友在自己的微博主页上争论。这样就慢慢地与参与争论的网友站在了一起。

（2）投票式推文。有些自媒体最喜欢的一项，是在微博上发表一个投票内容，比如设置成"下一期节目做什么内容？"让粉丝自由选择内容，观众成了事情参与者，或者是像一些漫画大V在微博上问粉丝想看自己画什么内容，粉丝看到有机会把心中所想变成实质内容，都会喜欢在评论区留言参与。

（3）推文的结尾用问号、反问句、疑问句都可以。不只是粉丝，大多数网友看到的第一反应都是去回答。即使在大V看来这是一个既成事实的话题，也不妨碍粉丝留下自己的看法。这个问号就是让粉丝发言的诱导剂。

（4）@某人。让人知道你在和此人互动，可以是粉丝，也可以是其他大V。如果两个大V之间产生了互动就相当于双方的粉丝可以在一起互动。在选择要@的人时要仔细考虑人选。

侧重于自我分享

微博的本质就决定了大V要分享自己。仔细想好要分享的内容，做到每条推文都受粉丝喜欢。不同领域的大V分享的侧重点也不一样。美食大V分享美食，旅行大V分享风景，尽量挑选符合自己身份的内容。但这只是主要内容。随便打开几个大V的微博就能发现，除了主要内容外还要穿插进其他内容，所有的内容共同构成一个立体的个人印象。

（1）参加活动。大V肯定要参加各种活动，推一些活动的照片、视频之类，参加越大的活动说明你的名气越大，越能吸引人气。

（2）生活照。处理过的照片最好，让人看到最美的一面，网友都想了解大V脱去名人身份后是什么样子。那就把网友想看的东西展现出来，帮助网友全面了解自己。

（3）转发与评论。本书第2章的内容中已经提及转发与评论的注意点，比如转发前须谨慎，评论时要斟酌。

转发与评论内容与主要内容的比值最好是1:3，既保证了主题不跑偏，也保证了自我分享的全面性。

适合对热点话题敏感的达人

热点话题的一个属性在于，其评论性很强。和突发的爆炸性新闻不同，热点在成为热点之前必然早已被众人多次评论，所以雷区较少。只要不触及敏感部分，都可以随意发表自己的看法。

2. 微博大 V 养成方法

微博大 V 的侧重点在于互动与关系调节，这是微博大 V 养成的核心。

多评论，多互动，多转发

大部分微博大 V 的养成，不只是靠好内容就可以的，还要适当地搞一些"小动作"，比如评论、点赞、互动等。这样才能增加自己的曝光度。如果只是闭门造车，即使车造成了，也不会有多少人关注。特别是在网络比较发达的现在，速度决定成功，最怕被模仿（内容也很容易被模仿）。现在很多人或者公司都是后来者居上，这些后来者靠的就是广泛传播，甚至是开启烧钱模式。在互联网时代，某件产品只有受众人群多了，该产品才有可能火爆。

对微博"菜鸟"来说，可能本身不会有什么名气，为了赚足名气就要动起来，具体做法如图 10-1 所示。

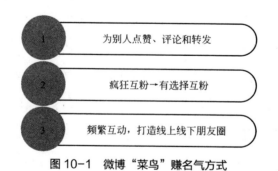

图 10-1 微博"菜鸟"赚名气方式

（1）为别人点赞、评论和转发

在前期，微博"菜鸟"要大量关注别人的微博，顺便点赞，而且还要做到见人就点赞，见人就评论（当然，这里的"人"主要是针对大 V 来说）。如果感觉内容不错还可以转发，这是微博"菜鸟"每天的必修课。不过，在评论时要注意，你的评论内容要有质量，观点新颖，这样才有可能受到大 V 的关注。

（2）疯狂互粉→有选择互粉

对于没有任何粉丝基础的人来说，要做的就是疯狂互粉，见人（这里的"人"几乎不可能是大 V，当然最好是大 V，这里就看你的本事了）就问互粉不。多问不吃亏，毕竟总有一些人跟你一样也在寻求互粉。找到这些人你们就可以结伴而行了。还可以让一些朋友把你拉到一些互粉群中，这时候你的资源会更多。

对微博"菜鸟"来说，疯狂互粉很有效。但当你有了一定的粉丝基础之后，比如，2000 个粉丝以上，这时就不能再见人就互粉了，而是要有选择地互粉，毕竟僵尸粉是不可能有影响力的。所谓有选择的互粉，就是跟那些与你粉丝量差不多的博友互粉，这样大家站在同一起跑线上，才能更有深度地探讨和交流，彼此互相转发微博提供意见和想法。

（3）频繁互动，打造线上线下朋友圈

俗话说人脉就是钱脉。微博又何尝不是呢？"一个篱笆三个桩，一个好汉三个帮"。单打独斗早已经过时了。一个人要想成功，就要找好自己的队伍抱团前进。比如，有秩序地互相转发、评论等。

在线上，你可以加入 2~3 个活跃群。最好不要自己建群，因为这不仅会耗费你的精力，还有可能是出力不讨好。管过群的人都知道，管理群可是个不好干的累活、乱活，甚至还有可能是个挨骂的活。所以，你最好是先"猫进"几个活跃群，多与里面的人互动、叫好、点赞，然后你就会积累一些人气。在线下，多参加一些线下微博聚会或者活动。这样粉丝们才会更加有黏性，信任值会无限上升。所以，经营微博也要互动起来，多评论、多转发。这样才能让线下线上水乳交融，合为一体。

用吐槽与关键节点建立关系

微博"小野妹子学吐槽"把吐槽与热点话题结合了起来,比如在吐槽天气太热时,发了两张照片:一个塑料玩偶被热融化了。这样的方式能更好地表达自己的意思,而且网友也喜欢看,如图10-2所示。

图10-2 热到软化的塑料玩偶

吐槽这种形式的出现"放松"了网友们在工作、生活重压下的紧绷的神经,原来毫无生气的日常生活变成了可以很有趣的小视频、照片。一些严肃的话题也可以用更为大众接受的方式表达出来。吐槽的对象涵盖了社会的各个方面,这种轻松的表达方式不会产生锐利的语言尖角。比如有些学医学的网友吐槽《法医秦明》里的医学知识有漏洞,但是没有直接说出来而是调侃道"这个法医是帮凶,因为他顺便把现场破坏了一下",含蓄地表达了自己的观点同时又能博人一笑。

吐槽推文的方式有很多,网友在生活中发现了生活的乐趣后通过各种方式来吐槽。但是可以分为几大类别。第一种是录制的短视频,把偶然遇见的新奇事物拍成小视频,在推文时配上一句精辟的话,简单直观。第二种是捕捉到某一个很有趣的瞬间,可以是电影或电视剧的截屏,可以是拍成照片的生活中的场景。在推文时配上简洁的调侃话语。第三种是可以自己制作一些图片来表达自己的意见。这种方式配合网上流传的表情包也是很有传播潜质的。

3. 微博大 V 案例

来看看微博大 V 都是怎样做的。

同道大叔：大叔实为小鲜肉

同道大叔是谁？同道大叔的真名叫蔡跃栋。毕业于清华美院的蔡跃栋拥有扎实的基本功和优秀的创意。从 2014 年开始绘制一系列吐槽星座的漫画而爆红，在微博上已经吸引了 1200 多万的粉丝，每天有 30 万人转发他的微博内容。后来"同道大叔"的团队被美盛控股收购，而收购价更是高得离谱，美盛花了 2 亿元收购，"同道大叔"团队套现了 1.78 亿元。这件事在网红圈里引爆，继而轰动网络。

这样的投资力度说明了"同道大叔"团队的高价值，进一步讲是来源于蔡跃栋的前期运作能力。首先是其内容创作。

（1）内容选取。为什么要在微博上创作关于星座的内容？因为大众对星座的热衷程度非常高。星座是一种象征，大众很容易用一个笼统的、概括性的人物性格来描述自己，就像是把自己归于某一类人。而星座就像是一个分类的模型，让每个人都能找到自己所属的那个群体，渐渐地大众开始喜欢星座，喜欢找到自己的同类。

很多人都开始用星座做文章，蔡跃栋刚开始绘画时很明白，自己要画的东西一定要是网友喜欢看的，不能由着自己的想法来。后来他发现了"星座"这个话题。但是在开始绘制前仔细地考虑了自己的漫画应该偏向哪一方面。提到星座，网友的第一反应是星座的运势和性格分析之类的内容，如图 10-3 所示。

但是蔡跃栋没有选择这些内容，而是选择了"情感 + 星座"的创作方向。这一选择的优势就在于保证了内容的娱乐化，却又用漫画风格表现出情感话题。这样就结合了两个超级火的内容,想不火都难。

图10-3　蔡跃栋笔下的星座形象

（2）微博互动。最关键的是从互动中找出粉丝要看的内容。所有漫画家在制作流行漫画时都在发愁要加入怎样的内容才能更加受欢迎。而蔡跃栋用微博的留言功能解决了这个问题,粉丝想看什么,我就画什么,不再是漫画家的单向创作,粉丝的想法在蔡跃栋的笔下表现了出来。这样的高质量参与让粉丝很开心的同时,也解决了漫画家选材的难题。

蘑菇街：利用应用平台导流量

如果你第一次打开蘑菇街,那肯定会说：这是个卖女装的网站。"双十一"一天的成交总额超过3.4亿元,每单成交额超过240元,微博粉丝超过770万。卖女装的网站有很多,但是能超过蘑菇街的商家凤毛麟角。

蘑菇街最初是靠"蹭热点"崛起的。通过"蹭热点"尝到甜头的蘑菇街开始把注意力放在应用上,一些小的APP可以满足女性买家各种各样的兴趣。带有娱乐性质的APP不只是女性买家,所有网友都可以在APP上找到乐趣,给女性使用的APP从化妆到换装一应俱全,还有关注国际潮流趋势的APP等。即使不在APP内打广告也吸引了大批粉丝,这些粉丝围绕着微博上的APP

慢慢转化成了蘑菇街的忠实卖家。运营团队跳出APP开始关注起这些网络上的大平台。

微博是首要"战场"。有了用APP收获用户的经验，而且大部分用户都集中在了微博上，反过来讲，APP也算是微博营销的一种手段。团队开始探索其他的营销手法。第三方数据显示，微博给淘宝网带去了大量的流量，蘑菇街又是微博引导类的主导力量，蘑菇街发掘出的创意营销手法也确实成功导入了超乎想象的流量。

首先是拍微电影，需要在不足20分钟的时间内讲述一个完整的故事。蘑菇街想制作一个颇具创意的微电影，后来网友就在"电影工厂"的微博上看到了一部感人的短片：电影主要讲述的是异地恋的女生去看望男生，却由于两人之间的沟通问题而没有了结局。网友的反响很好，看后很有感触。放出短片当晚的转发量超过了8000。不过网友看完结尾才发现了"蘑菇街联合出版"的字样。

随着微电影的观看量剧增，蘑菇街微博粉丝疯涨。其实蘑菇街团队在微电影的处理上很聪明，短片首发并没有选在自己的微博，因为电影工厂的微博粉丝肯定要更多，传播效果会更好，而且没有在短片里加入任何自己品牌的元素，网友在看完之前不知道这是个"大广告"。

不过微电影只是一种吸引关注的办法。维持粉丝还要通过互动的方式，互动最有效的方式是转发。转发的内容是有价值的、有性格的。与此形成鲜明对比的是"僵尸粉"的案例。某条微博被僵尸粉大量点赞、评论，但是没有含义的内容是无法让"活着"的网友转发，也形不成影响力。蘑菇街是肯定不会去触碰这种低级手段的，营销团队在暑假期间发起了以粉丝为主角的微博活动。

粉丝可以把自己的见闻发表在微博上并@蘑菇街。同时，其他粉丝都可以在蘑菇街上看见这些趣事，这里也变成了某种意义上的始发站。或者是运营团队发布一些主题，比如主题是拍摄花草，粉丝继续@蘑菇街，慢慢地，越来越多的人参与了进来。

这样既保持了粉丝量的同时，也可以影响到粉丝的朋友圈，形成二次宣传，运营团队把粉丝的关注作为动力，既能完善微博内容又能达到吸粉目的。

互动最直接的方式就是交流，在这一点上靠的是运营团队兢兢业业的精神。我们都知道微博粉丝多起来后，一一回复评论是一件很烦琐的事，不过运营团队真的做到了10分钟内回复，而且翻开带有"@蘑菇街"的内容，大多数都有回复，粉丝看到一个大V微博一直在回复自己，激励意义自然非比寻常。

蘑菇街获得成功的另一个大平台是QQ。蘑菇街和QQ的账号关联，依靠在类似QQ空间、QQ秀这些能和服装关联起来的应用上宣传，增加访问流量。在微博和QQ上的大获成功后，蘑菇街也把注意力放在了微信平台上，运用自己成熟的营销手法继续吸引用户。

第 11 章
知乎大 V

微博、微信、知乎三个平台构成了圈粉、转换粉丝的闭环。最后一环的知乎是重要的知识分享平台。

1. 知乎大 V 属性

知乎的性质是问答式的社交平台,它的框架就是一套完整的知识分享体系,成了"有料"大 V 的天堂。

透明性弱,关系质量较强

知乎的透明性较弱,它强调的是交流和用话语构建的个人印象,忽略个人表象。只要你能发表意见就可以成为知乎用户,只要你的意见被许多人赞同就可以成为大 V,没有其他条件,也没有其他捷径。

"见解文化"就是知乎最独特的地方。知乎融合进了自身经历、感悟和生活智慧、自己的知识、自我思想感情,把这些都体现在自己的文字里,就像是作者深层次地表现了自己。将微信和知乎做一个横向的对比就发现,两者都是在交流，前者注重闲言碎语式的日常交流，后者是精神世界的展现，所以它们有"关系质量强"这一共同的特点。

侧重于问题讨论

打开知乎就能发现，这里的所有交流都是以问题为中心，很少有陈述语气的开头。一个用户发起问题，在问题下面任何用户都可以回答，长度没有限制，也可以插入影音、图片。只要你想表达，这里有足够的空间。回答者和点赞者不一定要了解这方面的东西，也可能只是他对这方面感兴趣。拥有知识的人，看重答案背后的知识理念，让网友有归属感。问题是主导，回答者是这个社区里的大众。

常见的提问方式如"如何评价×××""××是怎样的一种体验""如何做××"。这几种主流的提问方式最能吸引用户来回答，因为这样的提问方式，没有任何的限制。比如"如何做水煮蛋"这个问题，不限制做的办法，不限制用什么材料做，只要有经验的用户都可以来回答。

在回答时常见的语句"泻药""卸腰""谢邀"（都是"谢谢邀请"的意思）以及"实名反对××""我来补充几点"等，这些标准的"知乎体"大都被知乎用户所认同。

适合对问题有独到见解的达人

说白了，知乎就是知识分享的集中地。上文提到的文案、软文、广告都有见解独到这个特点，在知乎上这个特点被无限放大。

如何提出独到见解，取决于你本身的阅读量、思考量和经验，没有一个统一的标准。最典型的例子是"塞翁失马，焉知非福"所引起的讨论：两个人对失去马的见解不一样，结果也确实不一样。但是总结起来，在提出独到见解时不能脱离事件本身，不能没有依据。

2. 知乎大 V 速成四大方法

知乎上的网友要比微信用户有更直接的知识接受能力，所以大 V 们在知乎上靠知识成名相对会更快。

干货流：简单犀利、观点新颖

有些提问者会问到一些专业性的东西，所以在回答这些问题前，一定要考量一下自己是否有这方面的知识储备。知乎上有许多精英人士，胡编乱造或是不准确的回答肯定不会让人赞同。干货流就是指回答里有很多可直接借鉴的地方，有大量的知识做支撑，回答的时候要尽量引起大家的关注，需要从两个方面进行考虑。

（1）简单犀利。直接把提问者的问题回答清楚，不掺杂任何因素。知乎上的文章即使是写同一个内容也有不同的体裁，有的幽默，有的直白，有的充满悬念。但是直白的答案是可以让所有人都接受的，而且不乏有些用户在看回答时喜欢快速把回答看完。在回答时适时地配上一些图片，能帮助网友更好地理解答案。

（2）观点新颖。这就需要回答者的独特理解。如果是千篇一律的回答，即使写得再好也都只能归为一种答案。有新意的回答不一定是正确的，可以是一种猜想、一种假设。知乎并不在意你回答得是否正确，但是有理有据地说出自己的推论，这个行为过程本身是非常受用户欢迎的。看问题的角度要从自身的角度出发，结合自己所处的环境，提供给网友不一样的观点。

博士流：知乎的大风口

这需要回答者的硬性条件：要有博士身份。回答的内容一般是博士的体验。博士这个群体很小，在知乎上很少有人能提出适合博士回答的问题，而且一般的问题就有许多优秀的回答。这也显示了大家对博士的好奇，对博士日常生活的好奇超过了对知识类问题的感兴趣程度。

有些有海外经历的博士很容易成为知乎大V，他们用更开阔的视野来回答问题，而且可以把自己在国外生活的经历写出来。

影评流：靠电影这个天然的热点话题

电影成了网民网上生活的一部分，影评就成了大家讨论一部电影的方式。傍着这个热点话题，可以很快提升自己的影响力。影评有许多的角度可以选取，如图11-1所示。

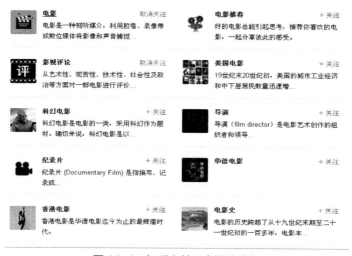

图11-1　知乎上关于电影的分类

（1）电影本身。电影本身的质量包含了演员演技、故事情节、背景环境、画面风格等内容。从这些角度就是评价电影本身，把电影作为一个独立的存在，不涉及电影以外的其他内容。有些大V具备与影视相关的知识或是从业经历，普通的回答者可以靠大量的阅片量来补足自己的观影经验。影评的基础就是观影量，有了丰富的阅片经历，才能具备独特的眼光对电影进行评价。

评价电影可以从好几个角度入手。首先就是演员的演技，把演员在几个场景的表演描写出来，然后细致描写演员的面部神情、肢体动作和台词的配合，让读者立体地体会演员的表演。

其次是故事。故事框架是一部电影的核心，讲得好的故事才能深入人心。

在评价故事情节的时候不要急于把整个故事都表现出来，而是要制造悬念，比如在段落末尾加一句"猜猜××去哪儿了""猜猜××会选择谁"。读者在看电影时会被电影设置好的悬念吸引，在写影评时也要用一样的手法。对故事的评价要主观，读者希望看到新颖的解读方式。

有些电影的故事情节很奇特，有些采用倒叙，有些把好几个故事互相穿插。在写影评前要把这些关系理清，不能让读者看得云里雾里。

最后是电影的画面。这就需要一定的专业知识，比如，科幻片里从头到尾有大量的特效镜头，还有特效化妆。对这部分的评价一定要细致：一件特效武器有没有做好、一个背景会不会看起来很别扭。由此把读者引向一个围观视角，用新奇的特效知识来为读者解读电影。

（2）电影周边。对这一方面进行评论需要你对影视圈的关注程度高，比如哪一部电影马上要上映，哪一部电影拍摄时有什么轶事以及电影背后的票房元素和趋势等。

发布一些电影资讯，这种内容很简单，但很有效。大多数知乎用户都有自己的喜好，一些电影在有了第一部后可能会有后续，而且读者也很期待。可以通过从外网上获取资讯，传播给读者。比如有的用户问"如何评价××电影"，如果手里正好有关于这部电影的后续消息，可以在文章末尾贴上去。

关于电影行业大局的理解，少数从业者拥有电影文化的理论知识后可以把自己的看法发表出来。有些用户会问"如何看待上半年中国内地的电影走向"，这种问题的回答如果有鲜明的个性，读者也是很喜欢看的。它能让读者对自己喜欢的事物有一个更加全面的了解。

（3）推荐电影。这是最简单的方式，效果却是最好的。我们在前面提过推荐类标题的作用，非常有吸引力。知乎上有一大类型的提问是求推荐的，比如"有什么好用的水杯？""有什么好看的科幻片？"这类问题就是让人推荐的。如果你的观影量大了以后，就可以很快地回答出来。

在回答时要注意写清电影的大概脉络，写一下发生了什么故事，几句话概括完就可以。不要添加太多内容，以免给读者留下剧透的印象。一定要把电影的海报贴在文章里，让读者有个直观的感觉。

推荐电影存在着一个隐含的吸粉效果，读者在看到你的推荐文章后肯定想要将每部电影都看一看，但是短期内又不可能看完，于是就会点赞和收藏。甚至有些读者还想看看你的其他推荐文章，这样你的粉丝量就在无形之中增长。这也是为什么这类主题效果最好。

热点流：永远站在人民群众这一边

知乎对时事的敏感度非常高，经常在知乎头条上看见"如何评价××事件""如何看待××人"之类的问题。这就是社会热点，即对时下流行元素的看法。但是和传统的新闻媒体不同的是，知乎的视角要更广泛。

在社会上引起很大反响的"刺死辱母者"事件，在知乎就掀起了一阵讨论。从一个旁观者的角度，我们看到的是手段恶劣的讨债者、悲情的母子，但学法律的用户分析了整个案件后人们才发现，当事人不算是正当防卫，在事发当地居住的用户也发表了自己的看法等。这样的有着不同角度的新闻才是大众喜欢看到的，而不是被传统媒体主导的单向新闻。

如何回答热点问题？知乎用户来自各个行业、阶层，对一个热点有自己的考量，不会形成单一的观点走向。在回答这类问题时核心还是要有新颖的观点。

新颖归新颖，但绝不能为了追求观点的新颖而违反普适的道德标准或者宣传一些伪科学。作为知乎大V，要明白一点：你的观点的新颖是要为大众所理解的，只有你的观点被大众所理解、接受、热爱，那么你就会慢慢走向成功。

3. 知乎推广几大技巧

以下几个技巧可以助力知乎知识的推广。

引起读者的情绪波动：哭、笑、愤怒、渴望

不管什么类型的文章，精彩的核心之处在于对读者情绪的调动，喜怒哀乐，惊恐叹悲。不管是写新闻，还是纯粹地写故事，都要考虑到如何能把读者代入进去。打开知乎上的文章，除了比较专业化的知识类文章，只要和故事有关的高赞回答都是有鲜明的感情因素在里面。

会讲故事

仅有题材和想法是不够的。讲述出的故事不仅要读者和自己都喜欢，也要经得起反复翻看。有人的地方就有故事，故事里面展示了人的想象力和情感依托。长篇、短篇的选择看故事本身的需求：短篇精练，看起来方便；长篇故事的情节吸引人，也很受欢迎。写故事有三个主要影响元素，也是评判文章质量的标准。

（1）文笔。故事不是诗歌，语句要连贯，前后文不能矛盾。通顺，能让人看懂发生了什么，不会产生某个情节不了了之的情况。精简，一句话能说完的千万不要拆成好几句，会读起来很拗口。讲述背景的语句可以写得很优美，但是不要喧宾夺主，故事的内容才是主体。

写出的故事要保证能让所有人看懂。有些大V有一些新奇的思路，用了之后让有些读者看不懂说了什么，或者是开头故弄玄虚，读者看了一段不耐烦，最后干脆不看了。要考虑到大众的接受能力，在保证别人能看明白的基础上，可以适当增加一些小创意。

（2）人物。主角就要主要描写，配角就要起到烘托主角的作用。

① 角色性格的设定。角色的性格不一定要和情节有关，温柔的角色也能做出恐怖的事情来，这样反而有了反差感。或是和故事背景一样的性格，比如住在漂亮别墅里的性格开朗的少年，这样就显得很协调。所以，要根据大V自己的想法而定。

② 角色性格的表现。不要直白地告诉读者这个角色是什么定位，而是通

过他的行为来表达性格。比如一个角色说话的方式、开车的方式、走路的方式等，让读者自己看出这个角色的性格。在细节描写上，可以用角色的一句话、一个小动作表现出角色在特定条件下的反应。

③ 性格大杂烩。一个故事中的所有角色都是一种性格，那样的文章会死气沉沉。每个人物是在什么环境中成长，形成了怎样的"三观"以及有怎样的性格？不同标签的角色在同一个故事里碰撞出火花，是读者最愿意看到的。

④ 代入感。这是讲好故事的根本，角色不能离读者太远，不能过于虚幻。知乎上的文章很少会出现太过虚幻的故事，立足点还是要设定为取材于生活。

（3）情节。不能乱来，每个关键点要能连接在一起，少了一环，就是把一篇文章拆成两半。叙事节奏也要把握住，不重要的情节加快，重要的情节细细描写，否则就是干粗枝多却无叶。在情节的处理上沿用了每个高中语文老师都会教学生的一句话：凤头、猪肚、豹尾。

① 开头。开头主要的任务就是吸人眼球，不能冗长而且要惊艳，开头就是文章的外表。背景设定最好不要作为开头，会给人先入为主的感觉，不方便后面背景的更换。

② 中部。中间的部分是主体，最主要的还是要把故事情节分好，确定情节之间的顺序和主次关系。每个情节都要能够承上启下，在情节交替之间留下悬念，或是冲突，让读者的兴趣不会衰退。总体上把握住情节的目的，都要为了结尾的高潮而服务。

③ 结尾。读者能不能记住你的文章，就看你的结尾写得如何。如果赞赏不已，自然会点开你的知乎主页，看你写的其他内容，粉丝量自然会上涨。有以下两种方式大 V 可以考虑采纳。

第一种是表达自己的思想，以此警示鸣人、发泄情绪或是流露敬佩之情等，借角色说出自己的想法是最好的。

第二种是不发表任何的意见，当故事发展到高潮时戛然而止，给读者留下想象的空间，读者还没反应过来，故事就结束了，让读者沉浸在余味中，自己想象故事的后续发展。

④ 故事高潮。这是在情节关键点上的关键因素。怎么写高潮取决于对故事的安排,仇家见面、误会产生、久别重逢等都可以。从看电视剧的经验就可以发现,只要是故事角色最不愿遇到的情况,就可以成为故事高潮。这时候读者不由自主地融入了故事里,紧张地期待故事的发展。这样就把读者牢牢地吸引进了故事里,如图 11-2 所示。

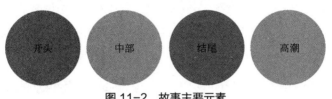

图 11-2　故事主要元素

这些内容基本就保证了大 V 写出的故事能够吸引读者。但是读者看的故事越多,就越对老套的写作手法无感,如何增加自己的写作能力是下一步要做的事情。

(1)文笔积累。每一个作家都是在不断的尝试中磨炼写作技巧。这是硬功夫,没有任何的捷径可走,只有不断练习。养成自己阅读的习惯,多看多想。而个人的风格就是自己的标签,把握得当就是建立在文笔基础上的吸金石。

(2)获得灵感。只要是写故事就要靠灵感,生活中的故事可以拿来写,但这样的事不一定每天都在发生。所以要拓展思维、开足脑洞,比如看到了一栋漂亮的别墅,你可以开展自己的思路,别墅里面可能隐藏着黑暗交易,可能里面有对恩爱夫妻,甚至还有可能是外星人的哨站……这样去多想,才会发现各种奇妙的巧合。

保证自己的风格,保证自己的故事性,保证阅读量,能做到这些的故事就一定是一个好故事。

专业知识分享

知乎也被网友当成了一种解决问题的工具。有什么不懂的在知乎上提问,就可以得到想要的答案。比如想要做什么菜,上知乎问一问就可以得到具体的过程。这里有许多人在分享自己的专业知识。和分享干货的道理一样，知识是硬通货。可以把共享知识分为几大类别。

（1）历史类。解答历史问题就需要大量翻阅古籍，形成自己的观点，在有人提问时可以从各个角度引用各种书籍资料来解答。而且网友可以在文中看到大V不同于大部分人的独到见解。

（2）教育类。这要看从哪个角度入手，是单纯地学习某一门课程，还是在思想上影响人。在课程学习上，主要以个人经验为主，比如有人提问"如何学习英语"，英语好的人可以把自己的经验拿出来分享，还可以写科学的方法。知乎上经常有大V列出自己的记忆思维曲线，用科学的实验数据来帮助网友更好地学习英语。

思想上传授涉及精神层面，敏感点非常多，而且涉及思想传授的内容没有一个固定的标准，不建议过多参与。如果是已被社会肯定的内容，可以推送出去。

（3）财务类。主要是对世界经济现象的解读和对走向的预测，上升到了财经知识的角度。知乎用户中中产阶级很多，有自己固定的理财观念和投资方式。如果是教人理财、教人炒股这类内容尽量使用已经被实践过的理论。

（4）食品类。不管在哪个平台，"吃"是永远说不完的话题。比如我们在前文提到的，可以分享如何制作美食，这只是其中一小项；可以推荐美食地点，知友（知乎用户的简称）遍布大江南北，每个人都可以推荐广受好评的食物和食材供大家参考；讨论的内容还可以是食品安全这一方面，随着越来越多的产品安全性曝光，知友开始广泛分享如何鉴别食材是否安全的方法，有专业知识的知友也教大家怎样保证食材的安全性。

膳食营养搭配是一些人喜欢注意的问题。有营养学相关知识背景的知友也会及时更新营养学的研究成果，教大家如何调整饮食。

（5）动漫类。用画笔画出知友想看的内容或是分享有创意的漫画手稿。在知乎上有许多有创意的博主，用圆珠笔作画、画3D画、画人物肖像等。另外，还可以推荐精彩的动画电影、链接动画。《哪吒之魔童降世》一上映就在知乎上圈足了粉丝。

（6）运动健康类。这方面的内容包括如何健身，如何瘦身。在知乎上最常见的"如何完成××运动"的问题都会有一个高票答案。因为一般人接触不到特别科学的健身方式，在网上也都是广告和各种商品推销，这样就使得科学健身方法很受欢迎。

高票回答会加入科学依据，推荐的方式也是经过大量的实践而产生的，配合上图片和视频有很强的学习效果。

还可以针对某一项运动和人讨论，如足球，篮球等。

（7）电影类。在上一节中已经介绍了电影类文章的巨大优势，而且任何人都可以涉及。

其他的角度还有很多，但是在以上的几个方面容易产生高票答案，大V可以根据自己的自身条件，选择合适的角度。

4. 知乎大V案例

下面通过具体的案例看一下，知乎大V到底都有哪些方面的强大能力。

张佳玮：神韵在于对篮球的挚爱

张佳玮身兼多重身份，从大学开始就写作各种文章、散文、小说、NBA（注：即"美国职业篮球联赛"）球评，无所不包，不过最为知乎用户了解的还是他的球评。

在知乎上有许多用户关注NBA动态，张佳玮也是一个球迷，在知乎上的回答逐渐被追捧起来。

在国内写球评的人里，有人喜欢写篮球战术，有人喜欢写八卦，有人喜欢说篮球历史，有人的文案处理好。而张佳玮则博采众长，不管是排版还是内容都让读者感觉很舒服。他的文章旁征博引，内容通俗易懂，语言幽默风趣，即使不太懂篮球的人也能看得津津有味。

后来张佳玮写了几篇 NBA 巨星的传记文章，里面的内容也延续了他一贯的写作风格，说到篮球战术那就写战术，说到历史就讲历史。这也源于他在知乎上的试探。在一篇《男篮亚洲冠军：王者归来，这不是结局而是一个全新的开始》的文章中，张佳玮把这种糅合了历史和专业解说的手法体现得淋漓尽致。

如果纵观张佳玮的全文，就可以发现，文章是以时间线为主，把历史上亚洲的精彩篮球交锋盘点一下，把主要看点也罗列了一下，就算是不懂篮球的人也有了一个大概的背景了解。说了一大堆历史后便引出了文章的主题，为什么男篮越来越厉害？不懂篮球的读者这时候也准备好了背景知识，接下来的赛场分析也能大体理解。

赛场分析用了最有效的方式：图片＋文字。比如在写某场国家队的比赛时，每一个关键时间点的镜头图片都有详尽的文字解析。这样分析了两场比赛后，读者也明白了国家队取胜的关键点在哪儿。接下来的总结并没有继续从团体的角度出发，而是从球员个人的角度来看待比赛，这也是全篇最聪明的地方。在总结中，用姚明、易建联、王治郅这些耳熟能详的名字，带动起读者对篮球的关注，从他们个人的角度出发来看待每场的胜利和国家队男篮的走向。球员是一支队伍的核心，而他们的视角更加具有说服力。

从文笔角度来看这篇文章，本来是很严肃的事实却使用幽默的文笔来叙述。在说到国外解说时这样写："外国人只认识周琦，这也没办法"。因为周琦被球迷称为"扑克脸"，辨识度很高，国外解说一眼就能认出来。字里行间穿插的小幽默让平淡的叙事文活跃了起来。在知乎上，张佳玮还有大量风格类似的球评，几乎每一篇都是热文，评论区中也能发现有好多不是篮球迷的读者也看得欲罢不能。不只是球评，张佳玮写的书也受到了追捧。

2008 年的一本《瞧，科比这个人》被篮球迷争相传阅。这本书也延续了张佳玮的一贯写作风格，幽默而不失真实的语言，细节的精妙处理和丰富的内容成为书的显著特点。

从虎扑网到天涯再到知乎，张佳玮的每次驻足都是大 V 级别的存在。丰富的内容代表了他平时会主动接触许多东西，优秀的文笔显示了他的阅读量。说到根本，扎实做好写作前的准备，是成为大 V 的必经之路。我们可以想象一下，把每场篮球赛都看下来，时时刻刻想着截图是一件多么烦琐的事情，但张佳玮做到了，所以读者没理由不追捧。

朱炫：内容闷骚而近妖

在知乎上，朱炫是大 V 级别的人物，被读者称为"大师兄"。他的回答迄今为止获得了 80 多万的赞同，高票答案许多第一。这是两个重要指标，可以用来评判知乎大 V 写出的答案是否精彩。

他的文章同样有很高人气：《广场舞大妈斗舞》红遍网络，甚至被一个团队改编成视频网剧，一时间成为收视热点，成为反映社会热点的精彩文章。2015 年出版了个人作品《年少荒唐》，使其成为一名新兴作家。朱炫在《年少荒唐》一书中用简单明快、幽默朴实的文笔讲述了很多故事。在捕捉到引人深思的问题时不会给读者留下想象的空间，而是直接过渡到段子上。这本书在当时引起了不小的轰动。

朱炫的文章描绘了一个复杂多端的世界，在他的字里行间显现了军事、历史、政治、小说精粹这些多变的内容，偶尔还有一些游戏题材，故事和段子信手拈来，用光怪陆离来形容也毫不夸张。这些内容杂糅在一起就成了他的风格——闷骚、有妖气。

在朱炫的文章里可以看到三种主要的文体：杂文、小说、散文。一个完整的故事里会穿插进各种段子，故事看累了，就看段子，嬉笑过后用愉快的心情继续看故事。

朱炫写的故事很难被归入某一具体类型，读者可以在文章里发现各种风格，不固定的文字风格使故事精彩纷呈，读者看得也很过瘾，还能在一个故事里享受不同风格。

比如在写自己的读书经历时，开头用极简的文笔写了自己高中之前的看书经历，在写书的内容时用细腻的文笔描写了每本书的内容，精确到书中的一段小故事。在描写对自己的影响时，把书中的内容抽象出来。在写村上春树的《舞！舞！舞！》对自己的影响时，说道："我敬佩他对细节不厌其烦的描写，尤其是描写食物，看完后让人食欲大开，这就是文字的魅力，能把你带入那个世界里。"

受电影的影响，朱炫的文章内容里充斥着读者永远也不会厌倦的侠气因素和场景化因素，看了科波拉的《教父》后，朱炫写故事时把主人公设定为一身痞子气却又心地善良的少年；在看了《迷失东京》之后他又开始体会那个只存在于电影中的封闭世界，随之笔下的故事开始构造一个封闭的世界。

慢慢地，朱炫文字里的"妖"气渗透在了字里行间，读者刚开始只是抱着看段子的心态看他的内容，结果一发不可收拾，被这种有"妖"气的文字吸引。可以看出，除去个人因素的差异，知乎大V写出好文章都有一个相同的前提：疯狂阅读，不限类型。

想成为朱炫这样的大V，就需要不停地看书，不断地思考，同时还要不怯于表达。

第 12 章
头条大 V

不管哪个平台都会出现头条,不受平台的限制,只与文章内容有关。这也是一种成为大V的方式。

1. 头条大V属性

过去网上流传一句话:你知道最高峰是珠穆朗玛峰,却不知道第二、第三高是哪座山峰。这其实就显示了网络时代的一个特征,万军丛中只有第一名才是最能被人熟记的。这也就是大V的生存法则,想出名就要占到头条。

透明性弱,关系质量较弱

综合一下微信、微博、知乎三个平台的特性就能发现,以博主个人生活信息为主要更新内容的就是透明性强,以个人思想为主要分享内容的就是透明性弱。交流互动比较多称之为关系性强,互动较少是关系质量弱。

各个平台上都可以出现头条,但是头条本身的属性与平台的属性不同,两者处于共存状态。网友看到一则头条首先注意到的是内容,不会优先看作者。内容为主，显示了透明性弱，而且头条是单方向的信息播放器，几乎没有互动，显示了关系性弱。由于这一特性，头条注重的是内容的打造，这就要求大 V 对时事新闻要有极高的敏感度，积极把控有成为头条潜质的资源。

侧重于因好奇心而引起的视野分享

好奇心来源于我们对认识这个世界的渴望，有了好奇心才推动了各种事物的发展。把网友的兴趣看作是小孩子的好奇心，要很认真地对待，从好奇心下手，带动网友的探索欲望。

前文写到的把标题做处理也是利用了好奇心。这只是其中一方面，许多看起来不可思议的事情都是由好奇心推动的。国外一个名为 Blair Erickson 的网友创立了一个叫 Reddit 3016 的网站，这个网站的内容很特别，是描述 1000 年以后的世界。这个网站涵盖了 85 万个社区，网友在每个论坛里讨论世界在 1000 年以后会是什么样，在 Reddit 3016 上发表自己的想法。

网友好奇的是如果真正到了 1000 年以后会是什么样子，经过大开脑洞和联系已有科学后，网站的背景是这样的：人类的居住地已经不是地球了，拥有了能够替代太阳的能源供给，时间的计量单位变成了"日照循环"，已经没有了"天"的概念。充满好奇的网友纷纷涌入这个网站想要构建一个未来世界。

Reddit 3016 网站上的内容就像是新闻一样，逐条排列，每一条的内容都是各种离奇的事情，比如和外星生物合影、某位影星去别的星球拍戏。网友对世界的想象不再限于单调地从生活中找灵感，而是把未来世界作为模板。在 Reddit 3016 网站上发帖子的网友也必须脑洞大开地疯狂编造，越离奇越能获得网友的肯定。

好奇心不会随着年龄的增加而减少，好奇心越强代表着越希望发现更加广阔的世界，视野也随之开阔。大Ｖ把自己新奇的所见所闻分享出来，遇见了什么大开眼界的事，配上适当的标题，和读者一起分享。

适合输出短视频或提出当代痛点问题的达人

打开微博头条新闻，所有的新闻都有视频或者图片内容，而且大部分是拍摄的实景内容，因为生活中发生的事要远比人策划出的事情精彩得多。上头条的内容可以分为两大主要板块。

第一种是明星类，主要是八卦和围绕着明星发生的一切事情，包含了明星的生活动态和八卦、参演的影视资讯这类消息。这一类头条自成一派，即使不是粉丝的网友也会关注一下，是网上头条消息的现象级存在。

第二种是社会上发生一切事情。所有事情都可以成为头条的来源，没有任何的限制条件，只要新奇就可以作为头条。

从类别上说只有这两类。但是从另一个角度来说，可以分为持续类和非持续类。这主要看事件本身的影响，是否会对网友的生活造成冲击。比如某个明星的八卦消息，对网友来说并不会对生活造成什么影响，大家的生活不会有实质性改变。类似这些新闻，就属于非持续类头条。再比如，国家调整了所得税的计算方式就会影响大部分读者，某地的气候突变就会使当地的网友非常关注。这些持续类的头条会使网友大量转发，在微信的朋友圈里我们也能经常看到一些和自己的生活息息相关的事情。其影响力会持续很久，大Ｖ在第一次把消息推送出去时，收获了大量的转发量，这就是进一步收获粉丝的基础，并且以后网友会开始关注你的主页，关注第一手消息。

关于对痛点的理解，在前文里有特别详细的解释，不单是指使人感伤的情感，感动、愤怒、暖心等，这是网友发自内心的情感。大Ｖ在选择要推送的新闻时要考虑这一点，微博上关于社会新闻的正面积极评论起到了关键作用。

2. 头条大 V 养成方法

成为头条大 V 需要点滴的积累，接触多种平台与运作方式。

刷爆文，要先搞定平台

大 V 在着手写文章之前，首要注意的就是各种平台上的小细节，从如何开通各种功能到如何保留用户。关于文章的写作技巧前文多处都有说明，这里直接过渡到第二个要点，如何处理好平台。

前文中多处提出了如何排版，如何选择字体以及图案，也多处强调了内容的重要性。综合起来就是，内容是根本，排版是门面。第一印象不好，内容再好也没有什么意义。现在的新闻平台、社交平台有很多，用户越多的平台越能带来潜在价值。如果有足够的精力，可以选择多平台一起操作，平台之间形成链接。比如前文的朱炫，先是在知乎上吸引了大量的关注，然后开通微博，成功地二度吸引粉丝。

目前流行的平台中，微信、知乎、微博、豆瓣、简书是普及度较高的。其中豆瓣主要以吸收别人的经验为主，互动性较小；简书的普及度在这几个平台中相对较小。以天涯论坛为主的各大论坛的普及度也很高，但是没有微信和微博这样的便捷性和简洁性。此外还有头条号、三茅网之类的交流平台，但是由于受众的专业化程度较高，不适合作为主要平台。所以建议大 V 从微信、微博、知乎三个大平台着手。

（1）微信内容的编辑。打开微信公众号的编辑界面可以发现，它的界面十分简单，只有一些必要的选项，甚至字号的选择也没有。这些可以通过"小易微信编辑器"来实现，里面包含了文章编辑时的各种细节设置，甚至还有当下爆文的浏览功能，非常直观和方便。

（2）微博内容的编辑。和微信一样，可以借助外部工具来完成许多原本编辑器达不到的效果，可以使用"长微博"编辑器，可以在线直接编辑，编辑完成后可以直接复制到微博上。一些大 V 突然发现了热点事件时，手头没有电脑，没办法及时做一个完美的编辑，可以使用"锤子便签"，这是罗永浩创办的"锤子科技"旗下的一款应用，可以在手机上完成一些复杂的编辑，及时把第一手信息发送出去，如图12-1所示。

图 12-1　锤子便签

（3）知乎的编辑相对简单。但是有许多的知乎体，如第 11 章提及的常见的知乎体，应多在知乎上查看，发现新鲜的比较适合自己的编辑排版样式。

培养数据思维，让数据说话

我们在第 7 章中曾提及对用户习惯的分析和数据带来的好处，但是侧重于从宏观角度来看待。面对粉丝，面对每个平台的用户，考虑到每个小项目的数据时，就要用准确的办法。在知乎上搜索"数据"一词，会找到一大堆的数据分析案例，还有对数据分析这个行业的看法。可见数据分析所带来的巨大能量。大 V 要先从如何学习数据思维做起。

数据思维就是把没有标准答案的问题准确化，就像是导航仪，帮助人们更加准确地到达目的地。比如大 V 想在某处投资个中高档店铺，那要怎么用到数据思维呢？先收集当地的数据，包括当地同等类型的商铺有多少家、经营状况都如何、如何发布的，拟要选址的地方有多少人流量，周围的消费水平是怎样的。用这些数据构建模型，才能找出最好的寻址地点。

大 V 刚接触到数据分析时不免会想，该如何收集数据？答案是既有简单的办法也有高级的办法，可以用 Python1 编辑器，如果你有编程基础就可以学习这款软件，它的作用就是采集各种数据，把各种数据汇总。其原理就是第 7 章里提到的蜘蛛抓取网页技术。这样的方式很快捷，数据收集得也比较广。

还可以用简单的记录手段，比如淘宝的销售记录。卖家可以通过记录看到哪几个时间点的销量最好，哪款销量最高，哪个地区的买家最多。或者是微博用户统计每天头条的主要类型，哪个时间点哪种新闻最能成为头条。

采集好的数据用 Excel、Stata 和 Qgis 这三种主要的数据处理软件记录下来。其中 Excel 最为常用，而且有 Powermap 这样的插件，能把数据反映在地图上，看起来更加直白。这些数据就是大 V 的重要资料，知道自己什么时候发消息，发什么消息，如图 12-2 所示。

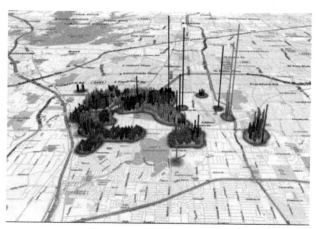

图 12-2　Powermap 功能

采集数据时也不能什么都记录，要根据以下这几项常见需求来选择。

（1）用户特征。最基本的包括用户的年龄、性别、教育程度、星座等这些内容。这也是最重要的，这就相当于你收集了每个人的简历，了解你的粉丝的分布情况。

比如，用户在平台上的表现，是新用户、还是高级用户、还是 VIP？用户的活跃情况，哪些活跃程度高、哪些低？再比如，想在微博上推荐自己的新书，就可以在自己的粉丝里找出最忠实、最活跃的用户，从这些用户开始由上而下的推广，慢慢扩展至其他用户。

（2）访问情况。一个用户要查看哪条信息、看了多久、看了几次，这就是要收集的内容。首先是访问对象。你的主页上或是一个平台的主页上，哪种信息被查看的最多？而且要跟着时间走，在时间轴上把用户查看最多的类型记录下来。

其次是访问人数。统计出一条信息有多少人看，同样地以时间轴为基础，而且要设定好是在多长的一个时间段内统计的数据。

再次是访问频率。一条信息被同一个人看了几次，如果看了不止一次那就说明这种题材是很有吸引力的。

最后是流量的发布。比如一条微博头条，有的用户是打开了微博首页翻看时注意到的，有的读者是在浏览其他的网页时看到了链接，还有的用户是直接准确搜索到的，这就能显示出如果要投放链接，在哪儿投放有最好的效果。

大V通过这些数据的表现来确定要在什么时间推送哪种消息是最好的。数据分析当然有它的不确定性，预测有偏差也很正常。但这只是一个参考，可以帮助大V尽最大可能地将选择推送的消息提升成为头条新闻的概率。

弄懂智能推荐算法原理，加大曝光率

智能推荐、推荐引擎就是把信息过滤，然后导出某个用户具体对什么感兴趣。为什么需要过滤信息呢？因为网络时代的信息过载，井喷式的信息量充斥在网络上，用户从主动搜索信息变成了被动接受信息，比如一个用户打开微信，堆满了未读的订阅号信息，垃圾信息也是铺天盖地。所以过滤掉没用的信息就是首先要考虑的事情了。

亚马逊在推销商品时就采用了这种思路，一个网上销售平台的商品有上千万，但在首页能显示的商品数量极其有限，即使是热门商品也不可能都摆出来，所以给用户推荐感兴趣的商品就很关键。

智能推荐的核心是大数据与云计算，不管搞哪一行，只要涉及网络就有大数据这个话题。推荐系统需要数据作为基础，但刚开始的亚马逊没有大量的数据，也没有有效的数据来源，分析用户行为轨迹也不大可能。这时候亚马逊采用了一种"冷启动"的方式，这也是推荐算法的早期形式。这种方式的目标主角是商品而不是用户。

先给商品打上标签，比如商品是鞋类、消耗品类还是衣服类。标签尽量分得很细，这样后续的效果就更好。在商品本身的描述信息里提取出关键字，利用关键字来做推荐。一个用户打开亚马逊搜索一件商品，这时候可以推荐相同商家的不同商品，或者是这类商品的其他热销品牌。这样的方式马上就收到了效果，如图12-3所示。

图12-3 商品下方的推荐

每年的8月底到9月初是德国汉堡的"太太节"，这时候女性会走上街头游行，在篝火前聚会，举行一系列的活动。而这时男性只能在家里看孩子。亚马逊发现每年这个时候啤酒和尿布的销量都很高，因为男性会留在家里看孩子，最需要的就是啤酒和尿布。所以这个时间段只要在亚马逊上搜索啤酒或是尿布的其中一个关键词，就会在页面上同时出现另一个的推荐，大大促进了两种商品的销量。

可是这种算法有其先天弊端，比如用户搜索了一下汽车模型，就有可能推荐汽车坐垫，因为它们都和汽车有关。为避免出现这种漏洞，接下来就逐步变成了现在的算法，以人为主体。用户想要买什么东西时，分析用户的搜索记录和购买记录，比如还是搜索了汽车模型，这时候亚马逊平台得到的信息就是该用户想要买汽车模型，然后在页面上推荐其他热销的汽车模型，这就是智能推荐。

结合在上文提到的数据分析，先找出哪种新闻是最能成为头条的，把这类新闻的热度时间记录下来，这就是从已形成的头条的角度。而智能推荐的角度，是把用户的行为数据推导出来，在哪条新闻上的点击人数最多，就做这方面的新闻的推送。

制作有看点的短视频

Papi 酱之所以火爆网络，归根结底靠的还是短视频这一重要的信息传播模式，若是换成图片和文字，相信又少了一个可以给大家带来欢乐的网红。Papi 酱作为微博网红的代表表明了短视频在微博上的地位。

随着短视频平台的融资力度加大，平台之间的竞争也日趋激烈，各个平台开始鼓励优质原创内容，在短视频中加入更多的新鲜内容。平台间的竞争资本说到底还是内容的优劣。

艾瑞咨询公司发布的《2016 年短视频行业发展研究报告》里也证实了排在前列的平台拥有内容优质的视频资源，同时也是吸引更多关注的根源。这就要求想要制作短视频的大 V 规划好视频内容，先从选择题材做起。由于题材太多，所以要优先选择比较适合新手快速上手、能够持续更新、用户需求比较大的类型来入手。

（1）娱乐类。以 Papi 酱制作短视频为首的自制节目类，这类节目的特点是需要大 V 发挥自己的想象力，把原创发挥到极致，内容不能低俗，而且最好是结合吐槽和社会时事，网上出了什么大家热议的话题时，就马上作为素材改编。比如有读者爆出许多天价蔬菜、天价菜谱，Papi 酱马上制作了一期推荐高级蔬菜的视频，调侃天价蔬菜。如果是独立风格，就要有自己的鲜明特色，比如很多大 V 制作的街头采访，都会问一些稀奇古怪的问题。

（2）美食类。我们国家是世界的美食天堂，不同种类的食材，不同地域的美食，总是能带来无限多的话题。作为生活中不可缺失的一环，美食自带快速捕捉人注意力的潜质，也是原创内容的绝好素材。上文我们提到过美食内容的重要性以及一些美食大V，如"艾格吃饱了"和"Amanda的小厨房"。

"艾格吃饱了"以图片和文字为主，走的是推荐路线。"Amanda的小厨房"以视频为主，主要是教网友做菜。可以把这二者的特色结合起来，大V可以介绍地域美食、推荐营养搭配、探索稀奇古怪的食物、介绍风格另类的餐厅等；一定要用视频记录下来，尤其在探索小吃街这样的地点时，视频本身的新奇就是一大看点。

（3）健康。这对每个人来说都是至关重要的，尤其是当下生活节奏太快，没有时间关心健康以及相关知识严重缺乏。网上散播健康知识的渠道多是为了推销产品。所以一个介绍专业健康知识的平台有极大的需求。

如果大V有相关的专业知识或是各种相关资源，都可以在这里夺得一席之地。视频的内容主要是健身动作和人体分析。比如：做俯卧撑的正确动作应该是怎样的，每种不同的动作有什么用，能达到什么效果。人体分析是对人体构造的一些解读，教人们如何善待自己的身体，比如一些不经意间养成的小动作、习惯可能会损害健康。

如果能保证视频内容的优秀，树立起好口碑，这一类型短视频获得成功的潜力相当大。

（4）生活。这个题材非常宽泛，可以说只要能成为素材的都可以。从出国旅行到文具推荐，从软件使用到排版技巧，只要感兴趣的就可以成为素材。当然，越是接近生活的东西就越能得到读者的认可，关心粉丝在想什么，又出了什么热点话题等，都是创作灵感的来源。

以上这4类短视频的制作最容易快速上手，但是门槛越低就意味着竞争越激烈。不要刻意选择最火的那种类型，而且可能这种类型还是你根本不擅长，也不熟悉的内容，肯定不会做得太好。短视频肯定不会衰落，所以尽早开始发展才能提前收获粉丝。

3. 头条推广四大技巧

头条的核心在于读者的转发和评论，有四大技巧非常实用。

从不同的渠道切入热点主题

要处理好热点。要先收集热点，然后再从热点角度创作，最后推送。在收集热点前的准备工作就是上文中说到的如何分析数据，如何找到热点规律，完成这些后就可以开始甄选热点。比如在 2017 年 7 月时全国各地持续高温，网友们经常在朋友圈里发一些和高温有关的段子，这就是一个实时热点。

接下来要考虑如何对"高温"这二字进行仔细剖析，最直接的可以从为什么会高温、如何消暑、高温天有什么趣事这三个角度展开。

靠评论区激发流量

流量就是网站的衣食父母。前文中提到的蘑菇街，靠的就是庞大的流量，访问人数多了，买东西的人自然也会多。营销的根本目的，说白了也是想办法增加流量。具体到一则新闻如何成为头条？流量是关键。

如何增加流量需要从作者自己的角度和读者的角度双向考虑，平台的因素并没有多大的限制，只要能发起评论的都可以优化评论。

以微博为例。作为头条的集中地，在这里可以看到评论区里的许多小细节，如图 12-4 所示。

（1）文章中留下问题。常见的模式如"小伙伴们对此事怎么看？""大家有什么奇怪的经历？"在评论区留言。这是在主动激发读者的评论欲望，让读者参与进来。

（2）赠送礼品。在前文中我们也提到过，从评论区里抽取读者赠送礼品。这样的方式屡见不鲜，读者开心，博主也得到了疯狂增长的评论数量。

（3）回复评论。就是尽量挑比较好的评论内容回复，作者自己也可以作为评论区中的一员参与。

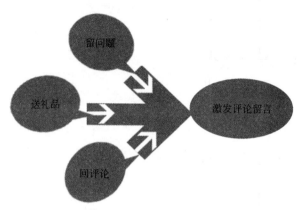

图12-4 如何激发评论区

这三条是最行之有效的方式，让粉丝自觉参与到讨论中。比如，在"暴走大事件"的微博上有一个互动项目：告解室。粉丝把想问的问题发在微博上，主持人挑出其中的几个问题来回答。到笔者写稿为止，已经有了9000多个帖子，阅读量更是达到了惊人的4700万。这个流量一般的网站想都不敢想。流量不管对网站还是一条新闻来说，都是至关重要的。

互动+转发，激起多轮小高潮

同样是互动，和前文不同的是，大V需要带动起粉丝的评论意向，引导粉丝喊出内心的话语。比如在一些令人咋舌的社会事件发生时，粉丝的内心肯定有好几种情绪，但是不知道该明确表达哪一种，这时候就需要体现大V充当意见领袖的作用了。

在"小悦悦"事件发生后，社会的冷漠、底层人民的善良这两种情绪交织在一起，一方面对见死不救的行人愤怒，一方面是对社会爱心人士的感动，还有对社会集体冷漠现象的反思。哪种感情应该用哪种方式表达？如果混合在一起，虽然能够表达但是不完全。试想一下，如果有三个大 V 分别对三种情绪做了引导，网民在三个合适地点表达三种感受，表达起来是不是就容易得多了？

这就是大 V 应该做的。对一则新闻，明确地表达一个倾向性的观点，有相同看法的网友会留言或是转发，其实这也是大 V 和网友之间产生共鸣的方式。网友找到了自己的意见归属地，同时，想表达给别人自己的观点时，引用一篇大 V 的推文，有很强的说服力。总的来说，自己的意见中要体现大众的观点，展示出的价值观一定要是正确的、积极的。

文字不能太长，3～8 张配图 &500～800 字

基于人的快速阅读习惯，头条文章文字不能太多，一般 500～800 字最为合适。有研究认为，这是人们能完整、快速接受一段信息的最佳字数，而且在这个字数内可以把要表达的内容表达完整。字数太多也会显得冗长乏味。不要加进去过多的修饰词，读者无法在第一时间内捕捉到信息就会弃而不闻。

图片需要严格筛选。能获得新闻的第一手图片是最好的，比如报道社会新闻时，如果能拿到事发时的照片，再配合上文字描写会很形象。如果无法拿到照片，或者是写一些和照片没有多大关系的新闻时，可以用与内容相关的图片。比如写"国家调整油价政策"这则新闻时，可以用一个汽车加油的卡通形象来代替，在说到价格的历史变动时，可以用图表来代替。

视频的使用和图片一样，如果有是最好的，但是没有相关的视频时最好不要上传，因为视频需要比文字和图片大很多的内存空间来传播，而且上传无关的视频也没有什么意义。

头条文章的排版不同于普通推文，有几点要时刻注意，以避免好题材、好文章被浪费。

（1）文字。正文内容不要使用加粗，从网上看到加粗的文字时，会感到

文字很臃肿，整个版面看起来也很拥挤。

（2）段落。多分段落，把要强调的内容放在每段的第一句，读者快速浏览时，能在短时内捕捉到信息。标准的长段落难以强调重点，阅读起来也很费力。

（3）图片的位置。不要集中在一起，相应的图片在提到时再置于句子下方，而且不要过于集中，尽量分散开，让版面看起来较为匀称。

（4）视频的位置。上头条的视频肯定是以视频内容为主，所以只需要一句话来表明视频内容是什么就行，不要做过多介绍或是评论。

最后，要把文章写得紧凑一些，同样是500字来叙述一个故事，如果节奏太慢也会使读者看不下去；把重要的时间、地点在开头时一句话交代清楚，在叙述事件时不需要做铺垫或是写出悬疑效果，平铺直叙地把故事讲完；同时，用词一定要准确，不要产生歧义。

在最后推送时，注意推送页面和WORD界面可能出现的显示不同，一定要调整好各个细节再进行推送，保证推文的整体质量。